Erfahrungen im Alter nutzen

Aktive Hausgemeinschaft

Aufgaben teilen

Erfahrungen nutzen

Eigenständigkeit und
Solidarität leben

Ideen verwirklichen

Bernd Weskamp

Erfahrungen im Alter nutzen

Wohnen in einer „aktiven Hausgemeinschaft"

Abbildungen: **Bernd Weskamp**
Korrektur & Lektorat: **post.barbara@4henneke.de**

*Herstellung und Verlag: BoD – Books on Demand,
Norderstedt*

ISBN: 978-3-7448-3739-2

Inhalt

Seit meinem Abschied aus dem aktiven Berufsleben vertrete ich die Meinung, dass das im Leben erworbene Wissen und die gesammelten Erfahrungen zu wenig bei der Lebensgestaltung im Alter genutzt werden. Der mögliche Leistungsaustausch zwischen Menschen im sogenannten Ruhestand könnte viel stärker dazu beitragen, die notwendigen Hilfen zu organisieren. Solidarität im Alter kann die auftretenden Schwächen auffangen. Menschen, die einen großen Teil im Leben zum wirtschaftlichen und gesellschaftlichen Erfolg mit ihrer Arbeit beigetragen haben, sind beim Eintritt in den Ruhestand verunsichert und oft orientierungslos. Wie können wir unsere Angelegenheiten im Alter umfassend selber regeln? Das funktioniert nicht, so war die häufige Antwort, wenn ich in Gesprächen darauf hingewiesen habe.

Vor zwei Jahren erschien mein Buch „… und nun lebe ich in einer aktiven Hausgemeinschaft". Darin wurde mit Beispielen beschrieben, wie in der Praxis das Zusammenleben gestaltet werden kann. Leider meldete der Verlag nach einem halben Jahr die Insolvenz an und damit endete der Vertrieb.

Da ich immer noch die Auffassung vertrete, dass wir Älteren unsere Angelegenheiten mit unseren Erfahrungen weitestgehend und so lange wie möglich nutzen sollten, habe ich mich für die Herausgabe einer 2. Auflage entschieden.

Da in der Pflege grundsätzliche Veränderungen erfolgt sind, wurde dieser Teil entsprechend aktualisiert. Neuigkeiten von der aktiven Hausgemeinschaft über die Aktivitäten bei den Zuzahlungen im Rahmen der Krankenversicherung und bei der Versorgung mit Hilfsmitteln wurden beigefügt.

Meine Ausführungen dienen nicht als Musterplan für das Leben im Alter. Wir, die Älterwerdenden, sollten selbst aktiv werden und nach unseren Wünschen und Bedürfnissen unser Leben gestalten.

Bernd Weskamp

Vorwort

… und nun lebe ich in einer aktiven Hausgemeinschaft …

Eigentlich wollte ich nicht mehr umziehen. Fast mein ganzes Leben hatte ich in meiner Wohnung verbracht. Es war das Zuhause meiner Familie. Seit drei Jahren bin ich alleine, und geblieben sind Erinnerungen. Mit diesen Erinnerungen wollte ich alt werden. Warum etwas verändern? Es lief ja alles ganz gut! Doch gelungen ist es mir nicht.

Schon nach wenigen Monaten suchte ich nach Aktivitäten. Ich verreiste, nahm kulturelle Angebote wahr und lernte dabei ein ganz neues Umfeld kennen. Da waren Menschen mit gleichen Interessen. Am Ende einer jeden gemeinsamen Unternehmung entstanden neue Programme und Aktivitäten – auch die Idee vom gemeinsamen Wohnen. Immer wieder war bei zwanglosen Gesprächen über die Möglichkeit der gegenseitigen Hilfe gesprochen worden. Viele Einzelprobleme konnten mit den vielfältigen Erfahrungen der Gruppenmitglieder gelöst werden. Es macht sogar Freude, anderen zu helfen.

Nun wohnen wir schon zwei Jahre mit 19 Frauen und sieben Männern in einer Hausgemeinschaft. 17 Wohnungen hat unser Haus, zentral gelegen in einer mittelgroßen Stadt. Eine Wohnung ist für alle da. Hier kommen wir regelmäßig zusammen und planen unsere Aktionen.

Mittwochs ist Einkaufstag, der Großeinkauf wird organisiert. Willi und Klaus kaufen mit dem Auto die Waren ein, die wir laufend benötigen. Großpackungen werden aufgeteilt und der Bedarf an Sonderangeboten abgeklärt.

Für Getränke haben wir einen Vorratsraum eingerichtet. Ein Getränkehändler sorgt für den Nachschub und Karl-Heinz verwaltet den Vorrat. Meine Kiste Wasser stellt er mir in meinen Keller und ich hole mir die Flaschen nach Bedarf.

Der Einkaufstag endet in der Regel mit einem Kaffeeklatsch. Für Kuchen ist immer gesorgt. Keiner muss mitmachen. Jedoch nach einer Weile suchen wir wieder die lebendige und aktive Nachbarschaft.

Eine Telefonkette sorgt für notwendige Informationen und dient der Sicherheit. Manchmal wird viel diskutiert und die Programmabstimmungen sind kompliziert, aber eines wird es niemals – langweilig, einsam und öde.

Unsere Else hat Erfahrungen als Führungskraft. Sie führt die Entscheidungen herbei, und häufig lachen wir, wenn eine Einigkeit erzielt wurde.

Für unsere unterschiedlichen Interessen gibt es sogenannte Untergruppen – die Theaterbesuchsgruppe, die Wandergruppe, die Kartenspieler, den Musik- und Handarbeitskreis. Feste feiern wir, wie sie fallen.

Die notwendigen Arbeiten für unsere Hausgemeinschaft werden entsprechend den Fähigkeiten der Bewohner aufgeteilt. Jeder hat seine Erfahrungen und somit werden die notwendigen Arbeiten schnell und kostengünstig erledigt. Weil alles so gut klappt, füttert unser Vermieter regelmäßig unser Sparschwein im Gemeinschaftsraum.

Im ersten Jahr brauchten wir häufig einen Schiedsrichter. Inzwischen hat sich alles so eingespielt, dass wir unsere Stärken und Schwächen kennen.

Meine Kinder und Enkelkinder kommen gerne zu Besuch. Es gibt viel zu berichten, denn bei uns ist immer was los. Bei meiner Geburtstagsfeier im Gemeinschaftsraum hat meine Familie unsere Hausgemeinschaft, meine zweite Familie, kennen- und schätzengelernt.

Meinen Entschluss, in eine „aktive Hausgemeinschaft" zu ziehen, habe ich nie bereut. Aktivitäten, viel Freude und eine neue ansprechende Lebendigkeit in der Hausgemeinschaft machen mich reich und mutig.

Weihnachten

Es war mein zweites Weihnachtsfest in der Hausgemeinschaft. Diesmal gingen wir alles ein wenig ruhiger an. Letztes Jahr hatten wir ein wenig überzogen. Wir hatten zu viele Aktivitäten in der Adventszeit geplant und zum Weihnachtsfest zeigten sich dann erhebliche Ermüdungserscheinungen.

Alle Mitglieder unserer Hausgemeinschaft wollten Weihnachten nach ihren Erfahrungen und Gewohnheiten vorbereiten und durchführen. In den letzten zwei Wochen vor Weihnachten waren wir täglich in Aktivitäten eingebunden. Unsere Weihnachtsfeier an Heiligabend war mit Essen so überladen, dass noch während der Feier Pläne für die Konservierung des Überangebots entwickelt wurden.

In diesem Jahr haben wir frühzeitig einen Plan erstellt. Wir trafen uns an jedem Adventssonntag um 16 Uhr zu einer vorweihnachtlichen Feier. Wir hörten Musik und der Zeit angepasste Geschichten. Zum Knabbern gab es Weihnachtsgebäck aus eigener Herstellung. Getestet wurden die entsprechenden Angebote des Handels. Zweimal haben wir einen Weihnachtsmarkt besucht.

Für die Gestaltung des Heiligabends wurden drei Gruppen ausgelost. Die Hälfte unserer Hausgemeinschaft blieb ohne Aufgaben und übernimmt die Organisation für den Heiligabend des nächsten Jahres. Eine Gruppe war für die weihnachtliche Dekoration unseres Gemeinschaftsraums und des gesamten Hauses zuständig. Eine andere Gruppe sorgte für das Festessen an Heiligabend. Der Umfang und Ablauf wurden genau festgelegt. Die dritte Gruppe war für die Gestaltung der Adventsveranstaltung und der Feier an Heiligabend zuständig. Diese Gruppe sorgte auch für den Versand der Weihnachtsgrüße der Hausgemeinschaft.

Diesmal war der Heiligabend ein Höhepunkt für die Hausgemeinschaft gewesen. Ein kleiner Weihnachtsbaum mit elektrischen Lichtern stand neben dem Fenster im Gemeinschaftsraum, Weihnachtsmusik war zu hören und in der Küche war ein Buffet aufgebaut. Organisatorisch war alles gut gelaufen – von kleinen Pannen abgesehen.

Am ersten Weihnachtsfeiertag stand der Gemeinschaftsraum für Besuche zur Verfügung. Am zweiten Weihnachtsfeiertag waren meine Kinder und Enkelkinder da. Auf die Frage meiner Tochter, wie Weihnachten für mich war, habe ich geantwortet, dass ich keine Zeit zum Nachdenken hatte.

Ein neues Jahr hat begonnen

Gemeinsam haben alle Hausbewohner auf das neue Jahr mit Sekt angestoßen.

Alles begann mit einem Jahresrückblick um 21 Uhr am Silvesterabend. Wir gedachten unserer gemeinsamen Aktionen im auslaufenden Jahr. Ein wenig stolz stellten wir fest, dass wir eigentlich nichts hätten besser machen können und auch nichts zu bereuen hatten. Wir haben gesungen, gelacht und uns an den angebotenen Leckereien – süß und sauer – gütlich getan. Geplant fürs neue Jahr wurde auch.

Am Neujahrsmorgen stand eine größere Laufstrecke auf dem Programm. Die frische Luft hat uns allen gutgetan. Dackel Fritz übernahm die Führung.

Ja, zu Weihnachten hatte unsere Hausgemeinschaft nämlich Zuwachs bekommen. Vor dem Einzug hatte Frau Nolte, unsere Martha, ihren sechsjährigen Dackel bei der Familie ihrer Tochter zurückgelassen. Am zweiten Weihnachtstag kam Fritz – benannt nach dem verstorbenen Mann von Martha – mit den Kindern zu Besuch. Er wollte nicht mehr mit zurück und bekam Wohnrecht auf Probe. Alle Bewohner haben zugestimmt und beim Neujahrsspaziergang war er schon „unser" Fritz. Inzwischen ist er ständiger Begleiter unserer Wandergruppe. Ich war sicher, dass die Hausgemeinschaft beschließen würde, dass Fritz auf Dauer bleiben darf.

Vor dem Einzug hatten wir lange und ausführlich über die Haltung von Haustieren diskutiert. Zu einer Einigung waren wir nicht gekommen. Zu groß war die Bandbreite der möglichen Haustiere. Angefangen bei Vögeln, gegen die niemand etwas hatte, über Hamster, Mäuse, Katzen und Hunde. Die

Größe der Hunde beschäftigte uns ausführlich, wir fällten aber keine Entscheidung.

Martha erklärte, dass sie ihren Fritz bei den Kindern lassen könnte. Die Idee mit dem Probewohnen entstand spontan bei unserer Silvesterfeier. Unser Fritz ist inzwischen der Hausgemeinschaftshund. Mehrere Bewohner gehen mit ihm Gassi. Fritz hat auch keine Schwierigkeiten bei einem längeren Aufenthalt in einer anderen Wohnung, wenn Martha mal außer Haus ist und ihn nicht mitnehmen kann. Fritz ist ein Beispiel dafür, dass Entscheidungen über das Zusammenleben in einer Hausgemeinschaft erst nach einiger Zeit des Zusammenlebens gefällt werden können.

Nachdem Fritz sechs Wochen in unserem Haus lebte, mussten wir festlegen, dass er sein Fressen nur von Martha, seiner Chefin, erhält. Fritz wäre sonst zu dick geworden. Welches Leckerli er bekommt, wurde ebenfalls festgelegt. Willi und Klaus haben dafür einen Großeinkauf durchgeführt und der Artikel wurde in unserem hauseigenen Shop von Karl-Heinz aufgenommen.

Martha sorgt dafür, dass an der Hundeleine immer ein Hundekotbeutel angebunden ist. So wird auch Ärger für die Gassigeher vermieden.

Unser Shop

ist eigentlich das Paradestück unserer Hausgemeinschaft: Angefangen, ich erwähnte es schon, hatte Karl-Heinz mit der Bevorratung von Getränken. Dazu kamen später Toilettenpapier und Küchenrollen, von Klaus und Willi in einer Papierfabrik in Arnsberg eingekauft. Waschpulver folgte, später Putzmittel, die zunächst nur für die Pflege der Gemeinschaftsflächen gebraucht wurden.

Karl-Heinz, unser Haushändler, führt den Shop sehr gerne und in eigener Regie. Er zahlt regelmäßig einen Beitrag in unsere Gemeinschaftskasse, obwohl die Preise unserer Shop-Artikel unter den handelsüblichen Preisen liegen. Karl-Heinz ist zufrieden und wir auch – eine gute Basis für unseren Shop und unsere Gemeinschaft. Allerdings muss eine Sortimentserweiterung von der Hausgemeinschaft genehmigt werden und es besteht für die Bewohner kein Abnahmezwang. Damit hat Karl-Heinz keine Schwierigkeiten mehr. Hier gab es Probleme, die aber einvernehmlich gelöst wurden.

Frau Klute, unsere Ella, kam eines Tages vom Einkauf mit einer Packung Toilettenpapier und wurde von Karl-Heinz darauf angesprochen, dass wir doch Toilettenpapier gemeinsam kauften. Ella Klute benutzte aber ein anderes Papier, als der Shop anbot. Die Hausgemeinschaft war sich bei der nächsten Zusammenkunft einig, dass die Freiheit des persönlichen Einkaufs bestehen bleiben sollte. Karl-Heinz reagierte und besorgte über Willi und Klaus das passende Toilettenpapier für Ella Klute. Inzwischen hat er drei verschiedene Papierqualitäten im Angebot.

Ella und Karl-Heinz besiegelten ihre Zusammenarbeit bei Kaffee und Kuchen. Der Rest der Hausgemeinschaft war nicht dabei.

Großeinkauf

Jeden Mittwoch nach dem Großeinkauf werden während der Kaffeestunde aktuelle Dinge besprochen. Stellt sich heraus, dass etwas geregelt werden muss, was die gesamte Hausgemeinschaft betrifft, so wird zu einer offiziellen Besprechung eingeladen. Meistens findet diese am Mittwochnachmittag statt. Wir legen großen Wert darauf, dass alle Hausbewohner teilnehmen können. Alternativ wird immer der nächste Mittwoch angeboten. Diese Regelung hat sich bewährt.

Ich habe in Absprache mit dem Vermieter im Eingangsbereich unseres Hauses eine Infotafel angebracht. Unser „Schwarzes Brett" ist allerdings weiß. Hier werden alle wichtigen Informationen für die Bewohner veröffentlicht.

Die Einladung zu einer Bewohnerversammlung wird von jedem Bewohner abgezeichnet, wenn er davon Kenntnis erlangt hat. So kann überprüft werden, ob die Bewohnerversammlung stattfinden kann. Spätestens am Montagnachmittag wird festgelegt, ob die Bewohnerversammlung wie geplant stattfindet oder auf den nächsten Mittwoch verlegt wird. Der

Grund für die Bewohnerversammlung wird immer mit der Einladung mitgeteilt. Weitere offizielle Besprechungspunkte müssen vorher mitgeteilt werden, damit sie veröffentlicht werden können. Wie schon erwähnt, haben wir eine Sprechergruppe für die aktive Hausgemeinschaft gewählt. Diese ist auch verantwortlich für die Durchführung der Bewohnerversammlung.

Gründe

Immer wieder werde ich gefragt, was mich dazu bewogen hatte, meine Wohnsituation zu verändern?

Die Gründe waren vielfältig. 2005 z.B. wurde ich im Rahmen einer Umfrage des Instituts für Demoskopie Allensbach unter anderem gefragt, welche Staatsform ich bevorzugen würde. An den genauen Wortlaut kann ich mich nicht mehr erinnern, es ging aber um die Frage der Zuständigkeiten des Staates bei der Gestaltung der sozialen Sicherung.

Wohlfahrtsstaat mit umfassender Absicherung aller Bürger oder notwendige Absicherung mit Möglichkeiten zur Initiative des Einzelnen? Ich musste mich entscheiden, in welchem der beiden Staaten es mehr Gerechtigkeit, in welchem es mehr Freiheit gäbe, in welchem der Wohlstand größer und welcher menschlicher sei.

Gegen die vormundschaftliche Fürsorge eines Wohlfahrtsstaates hatte ich schon immer Bedenken, obwohl sich bei der vorab erwähnten Umfrage fast 60 Prozent der Befragten dafür entschieden hatten.

Ich hatte erhebliche Zweifel an der Verlässlichkeit des sozialen Systems des Staates, verfolgte ich doch das zähe Ringen und manchmal die Hilflosigkeit der Politiker bei der Finanzierung der Renten, Kranken- und Pflegeversicherung. Für mich führte die Idee des Wohlfahrtsstaates zum Risiko Vormundschaft. Ich hatte keine Angst vor der Zukunft, sondern vor Anonymität und bürokratischer Verwaltung. Ich wollte meine Angelegenheiten auch im Alter weitestgehend selbst regeln, wie ich es gewohnt war.

Es war nicht alles glatt und ohne Probleme gelaufen, vor allem in den letzten Jahren. Aber Not macht erfinderisch, so meine Erfahrung. Natürlich schafft man nicht alles alleine, gemeinsam mit anderen Menschen ist vieles machbar und oft auch leichter.

In der Vergangenheit waren es die Familie, die Kolleginnen und Kollegen am Arbeitsplatz und auch die freundschaftlichen Verbindungen gewesen, in denen ich aktiv und eingebunden war. In diesen Kreisen, sie werden auch kleine Lebenskreise genannt, waren Leistung und Gegenleistung für mich überschaubar und beeinflussbar. Hier wurden Probleme gelöst und nicht vertagt. Wir gebrauchten das Wort „Solidarität" nicht, aber wir waren füreinander in vielen Lebensbereichen da.

Auch heute finde ich immer wieder Menschen, mit deren Ansichten und Handlungen ich mich auf unterschiedlichen Gebieten identifizieren kann. Mit denen möchte ich mein Leben gestalten – ohne Zwang und Verpflichtung. Ich möchte meine Zukunft weiter mit einem hohen Maß an Eigenverantwortung selbstständig gestalten und mich damit von zunehmender Abhängigkeit sozialstaatlicher Bevormundung abgrenzen.

Zu diesem Weg gehört auch die alternative Wohnform, wie ich sie gewählt habe. Vor meiner Entscheidung habe ich mich über die verschiedenen Möglichkeiten des Wohnens im Alter informiert. Mir war klar, dass ich eine Gemeinschaft wollte, wo Eigenständigkeit und Solidarität gelebt werden konnten. Deshalb habe ich mich für die „aktive Hausgemeinschaft" entschieden.

Wohnprojekt

Immer mehr Menschen aller Generationen werden aktiv, um
nach Wegen zu suchen, ihre Vorstellungen vom
gemeinsamen Leben zu verwirklichen.

Konzeptionen:
Das Spektrum der bereits verwirklichten Projekte reicht von
der erweiterten Hausgemeinschaft bis zur Anlage mit
den Ausmaßen eines kleinen Dorfes.

Nicht selten wird das Zusammenleben unterschiedlicher Bewohner-
gruppen – Alt und Jung, Familie und Alleinstehende – verwirklicht.

Da Männer weniger beziehungsorientiert sind,
steigt die Zahl der Frauenprojekte.

Wohnprojekte fördern gute Nachbarschaft, freundschaftliche
Kontakte der Bewohner untereinander, gegenseitige
Anteilnahme und Unterstützung.

Hausgemeinschaft

In Hausgemeinschaften hat jeder Bewohner eine
abgeschlossene Wohnung mit eigener Küche.
Meist gibt es einen Gemeinschaftsraum und gemeinsam
genutzte Wirtschaftsräume. Ein Garten wird im Sommer zum
beliebten Treffpunkt aller Bewohner.

In jedem Fall geht eine Hausgemeinschaft weit über gute
nachbarschaftliche Beziehungen hinaus.

Gemeinsame Unternehmungen und Aktionen fördern das
Zusammenleben und Einsamkeitsgefühle kommen nicht auf.
Funktioniert die Gemeinschaft gut, lassen sich vielfältige Interessen
und Fähigkeiten ausleben und einbringen.

Eine Hausgemeinschaft bietet die Freiheit, innerhalb der eignen
vier Wände völlig selbstbestimmt zu leben und sich zurückziehen
zu können, ohne dies erklären zu müssen.

Wohngemeinschaft

In der klassischen Wohngemeinschaft hat jeder Mitbewohner
ein oder zwei eigene Zimmer, selten mit eigenem Bad.
Das Zentrum der WG ist ein Gemeinschaftsraum, dem auch
eine Küche zugeordnet ist.
Bad und Toilette werden gemeinsam genutzt.

In einer Wohngemeinschaft wird jeder gebraucht, jeder kann seine Fähigkeiten einbringen und Verantwortung übernehmen.

Ein von allen Bewohnern akzeptierter Konsens über den
gewünschten Standard in Sachen Sauberkeit und Ordnung in den
Gemeinschaftsräumen muss gefunden werden.

Das nachfolgende Schaubild zeigt, welche Möglichkeiten in
kleinen Lebensgemeinschaften bestehen. Hier wird eine Leistung und Gegenleistung in den verschiedenen Lebensbereichen
sichtbar. Die Grafik auf der folgenden Seite war eine große
Hilfe bei der Gründung unserer „aktiven Hausgemeinschaft".

Bei unseren Treffen vor dem Einzug wurden uns aber auch die
Probleme von gemeinsamen Aktionen aufgezeigt. Deutlich
wurde, dass unser Zusammenleben mit allen Facetten langsam
wachsen musste. Nicht alles, was wir uns theoretisch vorstellen
konnten, war mit dem Einzug in die Hausgemeinschaft schon
Praxis. Der Prozess des Kennenlernens begann erst nach dem
Einzug in unsere Wohnungen.

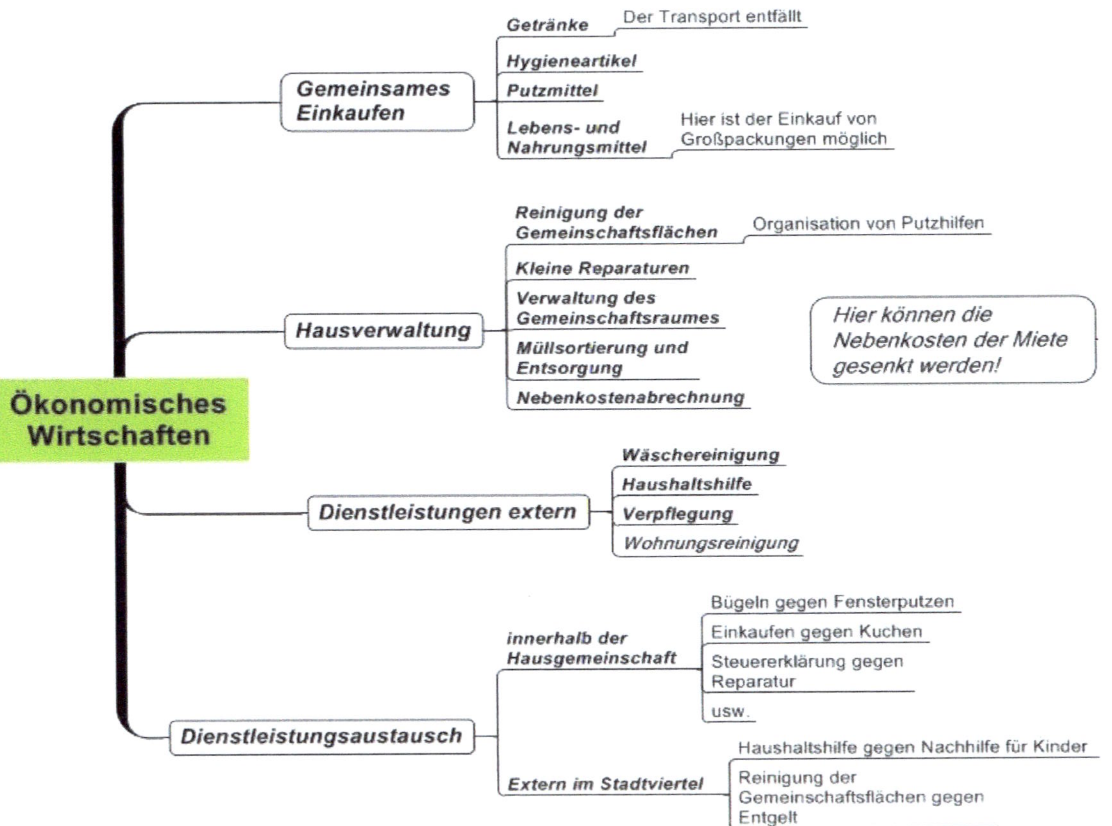

Ökonomisches Wirtschaften
Gemeinsames Einkaufen
Getränke
Der Transport entfällt
Hygieneartikel
Putzmittel
Lebens- und Nahrungsmittel
Hier ist der Einkauf von Großpackungen möglich
Hausverwaltung
Reinigung der Gemeinschaftsflächen
Organisation von Putzhilfen
Kleine Reparaturen
Verwaltung des Gemeinschaftsraumes
Müllsortierung und Entsorgung
Nebenkostenabrechnung
Hier können die Nebenkosten der Miete gesenkt werden!
Dienstleistungen extern
Wäschereinigung
Haushaltshilfe
Verpflegung
Wohnungsreinigung
Dienstleistungsaustausch
innerhalb der Hausgemeinschaft
Bügeln gegen Fensterputzen
Einkaufen gegen Kuchen
Steuererklärung gegen Reparatur
usw.
Extern im Stadtviertel
Haushaltshilfe gegen Nachhilfe für Kinder
Reinigung der Gemeinschaftsflächen gegen Entgelt

Mittwoch – ein besonderer Tag

Wir treffen uns im Gemeinschaftsraum und machen Einkaufspläne. Mittwochs veröffentlichen die Lebensmittelketten ihre neuen Sonderangebote. Willi und Klaus kaufen groß ein. Und da nicht alle Mengen für unsere Kleinhaushalte geeignet sind, wird geteilt. Else sorgt dafür, dass keine endlosen Diskussionen entstehen. Zu Beginn unseres Zusammenlebens ist das nämlich vorgekommen.

Sie ruft die einzelnen Angebotspositionen auf und Interessenten melden ihren Bedarf an.

Trude notiert die Wünsche. Inzwischen haben wir einen Vordruck (nachfolgend) per Computer entwickelt. Helmut, der Mann von Trude, ist da unser Spezialist. Else und Trude erstellen dann den Einkaufszettel für Willi und Klaus und die beiden fahren dann los.

Name	Artikel	Anteil	Artikel	Anteil	Artikel	Anteil
Trude	1	2 St.	4	0,5	11	0,2
	15	0,5	19	6 St.	22	1
Hans	1	2 St.	5	6 St.	19	0,5
	26	1	24	0,2		
usw.						

Die Artikel bekommen eine Nummer. Diese wird z.B. bei den Sonderangeboten in den Werbeprospekt eingetragen. Andere Artikel werden aufgelistet und mit einer Nummer gekennzeichnet.

Um 15 Uhr finden die Verteilung der eingekauften Waren und die Abrechnung statt.

In der Zwischenzeit haben die Daheimgebliebenen, soweit keine anderen Pläne und Verpflichtungen vorhanden, alles für eine große Kaffeestunde, so nennen wir dies, vorbereitet. Groß deshalb, weil es nicht nur Kuchen, sondern auch etwas Herzhaftes geben kann. So beginnen wir schon mal wie heute z.B. mit Matjes auf Schwarzbrot und enden mit Apfelkuchen und Sahne. Das Ende ist offen und die Teilnahme ist keine Pflicht.

Bei unseren ersten Zusammenkünften wurde noch nachgefragt, wenn man mal nicht anwesend war. Nach einer längeren

Diskussion haben wir beschlossen, dass nicht mehr gefragt wird. Für mich gilt: Ich halte mir den Mittwoch frei. Auch die Dauer der Anwesenheit wird nicht mehr diskutiert. Bei mir ist das Gesprächsthema ausschlaggebend.

Übrigens, Getränke werden von einem Großlieferanten angeliefert. Karl-Heinz verwaltet die Getränke in einem Kellerraum. Per Zettel teile ich ihm mit, wenn ich Nachschub brauche. Er stellt mir die Kiste Wasser vor meine Kellertür, wo ich meinen Vorrat lagere. Auf Wunsch liefert Karl-Heinz auch bis zur Wohnungstür. Durst auf Bier – kein Problem!

Im Gemeinschaftsraum kann ich mich gegen Bezahlung mit kleinen Mengen versorgen. Der Kühlschrank ist entsprechend bestückt. Leider stimmt hier manchmal die Kasse nicht – ein Thema für die offizielle Monatsversammlung der Hausgemeinschaft.

Karl-Heinz will einen gebrauchten Getränkeautomaten über den Getränkelieferanten besorgen. Dieser soll aber nicht im Gemeinschaftsraum aufgestellt werden. Wir werden sehen, bisher haben wir immer eine Lösung gefunden, nur drei Mal brauchten wir den sogenannten Schiedsrichter. Mehr darüber an anderer Stelle, denn heute war Mittwoch, ein anstrengender Tag.

Aufgaben

In einer aktiven Hausgemeinschaft übernimmt jedes Mitglied freiwillig eine Aufgabe, die allen Bewohnern zugutekommt. Schon vor dem Einzug haben wir uns geeinigt, wer welche Aufgaben übernehmen will und kann. Wir bekamen bei den Vorbereitungstreffen eine Liste, in der alle Aufgaben für eine Hausgemeinschaft aufgeführt und mit Einzelheiten erläutert waren. Die Treffen wurden vom Bauherrn der Wohnanlage organisiert und von einer sachkundigen Mitarbeiterin geleitet.

Die Technik hatte mein Berufsleben geprägt. So war es die Technik unseres Hauses, die mich interessierte – der Aufzug, die Heizungsanlage, die Tiefgarage und ihr elektrisches Eingangstor, die Wasser- und Stromversorgung. Ich bekam den Zuschlag und einen Einblick in die gesamte Technik über die jeweiligen mit der Erstellung beauftragten Handwerker.

Bei der Einrichtung des Gemeinschaftsraumes war ich erstmalig aktiv und Kosten konnten gespart werden. Dabei konnte ich meine schon professionelle Heimwerkerausstattung voll nutzen. Inzwischen gibt es keine Wohnung in unserem Haus mehr, in der ich nicht schon gebohrt habe. Kleine Reparaturaufträge nehme ich gerne an. Da wir in einen Neubau eingezogen waren, gab es immer wieder notwendige Reparaturen, die noch unter Gewährleistung der Handwerker erfolgen mussten. Ich organisierte und überwachte die Erledigung dieser Arbeiten, was dazu führte, dass für diesen Teil die Hausverwaltungskosten und auch Reparaturkosten eingespart wurden. Dadurch wurden die Mietnebenkosten gesenkt – ein Plus für die aktive Hausgemeinschaft.

Zu dieser Zeit arbeitete sich Helmut, unser Computerspezialist, in ein Computerprogramm für die Hausverwaltung ein. Es war geplant, dass wir auch die kaufmännische Hausverwaltung übernehmen wollten. Helmut war Finanzbuchhalter gewesen und hatte hier seine Aufgabe für die Gemeinschaft entdeckt.

Einen Teil des eingesparten Geldes wollten wir für die Einrichtung einer hausinternen Notrufanlage verwenden. Die Leitungen waren bereits vorhanden. Jede Wohnung wird dabei über einen besonderen Telefonapparat an ein hausinternes Netz angeschlossen. Über ein Steuergerät kann festgelegt werden, wohin ein Notruf abgesetzt werden soll. Somit konnten wir auch diese Aufgabe im ersten Schritt hausintern regeln. Hierauf will ich lieber nicht weiter eingehen, sonst wird es technisch zu ausführlich.

Mir macht es Freude, dass ich mein Wissen und meine Erfahrung hier noch einbringen konnte und kann.

Schon vor dem Einzug in unsere Wohnungen hatten wir auf unseren monatlichen Zusammenkünften heftige Auseinandersetzungen. Wir konnten uns da richtig hineinsteigern. Richtig heftig wurde es, als wir uns näher kennengelernt hatten. Mehrmals sind wir ohne Einigung auseinandergegangen.

Im Laufe der Wochen bis zum nächsten Treffen trat aber wieder eine sachliche Betrachtungsweise ein. Vor allem Else verstand es, das Für und Wider sachlich darzustellen und damit die Basis für einen Kompromiss zu schaffen. Mir war klar, dass sie auch in engem Kontakt mit unserer Beraterin Frau Körner stand.

Einmal, es ging um eine Angelegenheit der Hausverwaltung, erhielten wir nach der Zusammenkunft alle einen Brief vom Vermieter. Er teilte uns mit, welche Aufgaben für die Hausverwaltung anfallen würden und was die Erledigung durch einen Dritten kosten würde. Danach kamen auf jede Mietpartei dafür mindestens 70 Euro zu. In diesen Kosten war auch die Reinigung der Gemeinschaftsflächen enthalten. Gut fand ich, dass alle zu erbringenden Leistungen mit Tätigkeiten und zeitlichem Aufwand aufgeführt waren. Freundlich, aber bestimmt wurde darauf hingewiesen, dass nicht erbrachte Leistungen durch die Hausgemeinschaft kostenpflichtig durch Dritte erledigt würden.

Bei der nächsten Zusammenkunft hatten wir uns dahingehend geeinigt, dass wir so viel wie möglich in Eigenregie erledigen wollten. Inzwischen beschäftigen wir zwei Frauen, Filo und Delores, aus der näheren Umgebung für die Reinigung der Flure, des Treppenhauses und Gemeinschaftsraumes. Bei mir und auch anderen Mitbewohnern ist Filo zudem mit der wöchentlichen Grundreinigung der Wohnung tätig.
Ein Mal im Monat kommt ein Fensterputzer. Er putzt zum großen Teil auch die Fenster unserer Wohnungen. Die Kosten werden anteilig von uns getragen. Wir sechs Männer haben im Wechsel die Straßenreinigung und die Pflege der Dachterrasse übernommen. Aber all diese inzwischen eingespielten Regelungen sind nicht ohne sogenannte Geburtswehen zustande gekommen. Immer wieder wurde über die Gewichtung der von uns erledigten Arbeiten gestritten.

Leistungen für die Hausgemeinschaft

Name: Wohnung:

Pos.	Datum	Art der Tätigkeit	Ausführung Zeitraum	Zeitaufwand in Minuten	Umrechnungs- faktor	Festpunkte	Anmerkung	Verrechnung am	Anzahl Punkte
1	10.10.2009	Reinigung des Gehweges, Hauseingang, Tiefgarage	Oktober	pauschal	pro Woche	15	4 x	31.10.2009	60
2	10.10.2009	Müllentsorgung	Oktober	pauschal	pro Woche	2	4x	31.10.2009	8
		Reinigung der Schmutzmatte im Hauseingang							
		Pflege der Briefkästen und Beseitigung der Werbung		pauschal	pro Woche	2	laut Plan		
		Pflege des Treppenhauses und der Flure - Boden -					extern		
		Pflege des Treppenhauses und der Flure - Fenster -					extern		
		Reinigung des Kellerflurs					extern		
		Reinigung des Waschraumes					extern		
		Reinigung des Fahrradkellers			pro Einsatz		nach Bedarf		
		Pflege der Dachterasse		pauschal	pro Monat	60	nach Bedarf		
		Pflege des Technikbereiches		pauschal	pro Monat	10	nach Bedarf		
		Wartung der Heizung		pauschal	pro Monat	10	nach Bedarf		
		Wartung der Wasser und Stromversorgung		pauschal	pro Monat	10	nach Bedarf		
		Reinigung des Aufzuges					extern		
		Wartung des Aufzuges		pauschal	pro Monat	10	nach Bedarf		
		Prüfung des Aufzuges		pauschal	pro Monat	10	nach Bedarf		
		Störungen im Bereich der Technik / kleine Reparaturen		pauschal	pro Monat	100	nach Bedarf		
		Pflege des Gemeinschaftsraumes			pro Einsatz		nach Bedarf		
		Pflege der Küche beim Gemeinschaftsraum			pro Einsatz		nach Bedarf		
		Pflege der Toilette beim Gemeinschaftsraum			pro Einsatz		nach Bedarf		
		Veranstaltung im Gemeinschaftsraum			pro Einsatz				
		Pflege Dachgarten			pro Einsatz		nach Bedarf		
		Reinigung Dachgarten - Toilette		pauschal	pro Einsatz	5	nach Bedarf		
		Hausverwaltung		pauschal	pro Monat	70 / 100	laut Plan		
		Shop Verwaltung		pauschal	pro Monat	250			
		Mittwochseinkauf		pauschal	pro Woche	30	inkl. Autokosten		
		Leitung de Hausgemeinschaft		pauschal	pro Monat	100			

Reinigung des Gehweges, Hauseingang, Tiefgarage — 2009

	Januar	Februar	März	April	Mai	Juni	Juli	August	September	Oktober	November	Dezember
1. Woche	Otto	Wilhelm	Georg	Otto	Karl Heinz	Klaus	Otto	Karl Heinz	Georg	Karl Heinz	Willi	Klaus
2. Woche	Otto	Wilhelm	Georg	Otto	Klaus	Wilhelm	Otto	Wilhelm	Georg	Wilhelm	Willi	Karl Heinz
3. Woche	Willi	Wilhelm	Klaus	Willi	Georg	Georg	Klaus	Wilhelm	Georg	Wilhelm	Otto	Klaus
4. Woche	Karl Heinz	Georg	Klaus	Willi	Georg	Karl Heinz	Klaus	Wilhelm	Otto	Willi	Karl Heinz	Klaus
5. Woche	Willi		Klaus			Wilhelm			Otto			Otto

Müllentsorgung — 2009

	Januar	Februar	März	April	Mai	Juni	Juli	August	September	Oktober	November	Dezember
1. Woche	Otto	Wilhelm	Georg	Otto	Karl Heinz	Klaus	Otto	Wilhelm	Georg	Karl Heinz	Willi	Klaus
2. Woche	Otto	Wilhelm	Klaus	Otto	Klaus	Wilhelm	Otto	Wilhelm	Georg	Wilhelm	Otto	Willi
3. Woche	Willi	Wilhelm	Klaus	Willi	Georg	Georg	Klaus	Wilhelm	Otto	Wilhelm	Otto	Willi
4. Woche	Karl Heinz	Georg	Klaus	Willi	Klaus	Karl Heinz	Klaus	Georg	Otto	Willi	Otto	Klaus
5. Woche	Willi		Otto			Karl Heinz			Karl Heinz		Klaus	

Pflege der Dachterrasse — 2009

Name	Datum	Zeit in Std.	Datum	Zeit in Std.	Datum	Zeit in Std.	Datum	Zeit in Std.	Datum	Zeit in Std.	Summe	Übertrag am
Otto	10.01.	2,2	03.02.	1,4	28.03.	3,2	02.04.	3,6				
Karin					29.03.	1,8	05.04.	3,2	03.05.	1,6		
	04.06.	1,6	06.07.	1,4	08.08.	2,1	07.09.	2,3	10.10.	2,4		
Lotte	02.04.	2,1	10.05.	1,4	14.08.	1,2	28.09.	1,8	12.10.	2,1		
Gerda	10.05.	1,4	14.08.	1,2	28.09.	1,8	12.10.	2,1				
Georg	02.10.	2,3	05.10.	2,1	30.10.	2,5						

Ein Ausschnitt: Erfassung von Tätigkeiten der Mitglieder der "Aktiven Hausgemeinschaft".

Willi und Klaus waren nach dem wöchentlichen Einkauf am Mittwoch gestresst und stellten dann Vergleiche in Bezug auf Aufwand und Einsatz an. Helmut, der Schreibtischtäter, war dabei oft ihr Ziel.

Else und ich, wir arbeiteten inzwischen im Leitungsteam unserer aktiven Hausgemeinschaft, versuchten eine Gewichtung vorzunehmen. Dabei war die vorab erwähnte Aufstellung des Vermieters eine mögliche Richtschnur. Unser Ergebnis beinhaltete zunächst nur die notwendigen Aktivitäten für Sauberkeit und den Betrieb unseres Hauses. Die Gewichtung aller Arbeiten für die Gemeinschaft wurde vertagt. Zum Ergebnis später mehr.

Abschließend kann ich nur feststellen, dass Klärungsprozesse nicht ohne Ärger und Verdruss abgehen. Aber die Auseinandersetzungen waren oft auch die Grundlage für echte Beziehungen und unsere Hausgemeinschaft wurde gestärkt. Wir kennen unsere Schwächen und Stärken und können mit ihnen leben, weil wir sie akzeptieren.

Unser Vermieter

ist eine Familie, die Immobilien gekauft und gebaut hat. Unser Haus war die erste Immobilie, die für eine Seniorenhausgemeinschaft neu gebaut wurde.

Geplant wurde das Haus von einer Architektengruppe, die sich auf den Bau von Seniorenwohnungen spezialisiert hat. Der Bauherr hat zusätzlich eine Beratungsgesellschaft für das Wohnen im Alter herangezogen, die auch bei der Vermietung beteiligt war und unsere Zusammenkünfte vor dem Einzug organisierte. Noch heute steht uns eine Beraterin zur Verfügung, die auch als sogenannte Schiedsrichterin fungiert.

Unsere ersten Aufgaben und ihre Bewertung

Mit der Hausverwaltung hatte unser Vermieter eine Firma beauftragt. Diese überwachte die Mietzahlungen und erstellte die

Nebenkostenrechnungen. Wartungs- und Reparaturaufträge wurden ebenfalls von der Verwaltungsfirma vergeben. Die Pflege der Außenanlage und der Gemeinschaftsflächen hat der Vermieter unserer Hausgemeinschaft übertragen. Wir hatten ihn bereits vor dem Einzug darum gebeten.

Vorab habe ich schon über die Übernahme der Hauspflege und deren Einführungsschwierigkeiten berichtet. Inzwischen hatte sich einiges eingespielt und wir planten die Übernahme weiterer Hausverwaltungsaufgaben. Zuvor mussten wir aber noch die Bewertung der einzelnen Arbeiten abschließen. Bei der Diskussion über den Wert und die Gewichtung der einzelnen von uns durchgeführten Arbeiten ging es immer hoch her. Inzwischen haben wir einen guten Weg gefunden, indem wir fragen: Was würde uns die Erledigung durch einen Dritten kosten?

Beispiel: Die monatliche Reinigung des Gehwegs, Hauseingangs und der Tiefgarage würde uns 62,80 Euro kosten. Wir haben also 60 Euro zugrunde gelegt. Bisher haben wir sechs Männer der Hausgemeinschaft im wöchentlichen Wechsel diese Arbeit erledigt. Aus Erfahrung genügt ein Mal wöchentlich die Reinigung. Dies bedeutet für unsere Bewertung 15 Euro pro Woche für diesen Aufgabenbereich. Wer die Reinigung des Gehwegs, des Hauseingangs und der Tiefgarage durchgeführt hat, dem werden 15 Euro als Gemeinschaftsleistung gutgeschrieben.

Die Pflege der Dachterrasse haben wir ebenfalls mit 60 Euro monatlich bewertet. Hier haben wir auf die wöchentliche Umrechnung verzichtet, da dies nicht schlüssig war. Diese Bewertung wurde nach kurzer Zeit geändert, weil der Aufwand auf der Dachterrasse von der Jahreszeit abhängig ist. Angerechnet wird der Zeitaufwand pro Einsatz und entsprechend bewertet.

Der Aufwand für den Mittwochseinkauf wurde mit 30 Euro pro Woche bewertet. Dabei wurden 50 Prozent für Fahrzeugkosten zugrunde gelegt.

Elses Leitungsarbeit wurde mit 100 Euro monatlich bewertet und Helmuts Verwaltungsarbeit mit seinen Computer mit 70 Euro. Sollte Helmut die gesamte Hausverwaltung über seinen Computer abwickeln, bekäme er weitere 100 Euro dazu.

Karl-Heinz, unser Shop-Betreiber, wurde von allen anderen Aufgaben befreit. Seine Bewertung wurde auf 250 Euro monatlich festgelegt.

Ich bekam für meine technische Überwachung 65 Euro und für die Überwachung und Durchführung von Reparaturen noch einmal 100 Euro. Es wurde festgelegt, dass für jede Stunde Aufwand grundsätzlich 10 Euro angerechnet werden. Berücksichtigt werden sollte auch der qualitative Aufwand, d.h., spezielle Kenntnisse und Fertigkeiten werden herangezogen. Der Aufwand (zeitlich und qualitativ) kann nur angezweifelt werden, wenn ein Vergleich möglich ist.

Hierzu gab es ein schönes Erlebnis. Wie schon erwähnt, hänselten Willi und Klaus mal wieder über Helmut, den Schreibtischtäter. Else reagierte mit einem Beschluss und verlangte von Willi und Klaus, dass sie anstelle von Helmut die Abrechnung unseres Putzdienstes am Computer durchführen sollten. Sie sollten beweisen, dass sie es schneller konnten.

Willi und Klaus versprachen daraufhin, nicht mehr zu hänseln und Helmuts Arbeit anzuerkennen. Beide haben keine Computerkenntnisse.

Karneval

Der zweite Winter in unserer aktiven Hausgemeinschaft unterschied sich vom ersten dadurch, dass wir mehr Aktivitäten entwickelten. Die Skatrunde kam so richtig in Fahrt. Die Spieler trafen sich nicht selten zwei Mal wöchentlich. Auch der Handarbeitskreis hielt seine wöchentlichen Treffen ab.

Neu wurde die Literaturgruppe aktiv. Hier wurden Bücher vorgestellt und deren Inhalt gedeutet und erklärt. Bei der Festlegung der Zielsetzung bzw. des Buchmotivs entstanden rege Diskussionen.

Sobald trockenes Wetter anstand, wurde die Wandergruppe aktiv. Mit entsprechender Kleidung und festem Schuhwerk ging es in die Natur. Dackel Fritz war immer dabei. Anschließend saßen wir noch im Gemeinschaftsraum beim Tee oder anderen warmen Getränken. Wir sprachen über das aktuell Erlebte und planten zukünftige Aktivitäten.

Ende Januar kam das Thema Karneval auf. Nur zwei von unserer Hausgemeinschaft waren aktive Fans. Der Rest hatte Karneval nur am Rande als Zuschauer erlebt. Interessiert zeigten sich aber alle an dieser neuen Aktivität. So planten wir den Besuch einer Karnevalssitzung und wollten hausintern einiges veranstalten.

Bei der nächsten Zusammenkunft der gesamten Hausgemeinschaft stimmten alle Bewohner einer eigenen karnevalistischen Hausveranstaltung zu. Der Besuch einer Karnevalsveranstaltung sollte nur für Interessierte sein. Ursula und Hanna, unsere Karnevalserfahrenen, wurden damit beauftragt, die Leitung der Planung zu übernehmen. Für die Durchführung sollten sie sich ihre Mitarbeiterinnen und Mitarbeiter aussuchen bzw. gewinnen. Für die Karnevalswoche wurde der Gemeinschaftsraum reserviert. Alle anderen Aktivitäten sollten ausgesetzt werden.

Ursula und Hanna brauchten keine Woche, da stand ihr Programmvorschlag. Sie trugen ihn mit so viel Begeisterung vor, dass uns nichts anderes übrig blieb, als zuzustimmen. Klaus und Willi, immer zum Scherzen aufgelegt, wurden ins sogenannte Kommuniqué aufgenommen.

Else und Helmut erklärten sich bereit, einen karnevalistischen Vortrag über unsere aktive Hausgemeinschaft auszuarbeiten. Donnerstag sollte Weiberfastnacht gefeiert werden und Samstagabend sollte unsere Karnevalssitzung im Gemeinschaftsraum stattfinden. Sonntag sollte es nach Düsseldorf oder Köln zu den Stadtteilumzügen gehen. Montags sollten wir gemeinsam die Übertragung der Umzüge anschauen und dabei lustig und vergnügt sein. Für Dienstag war ein Gesangsnachmittag geplant. Mittwoch sollte bei entsprechendem Wetter ein Spaziergang durch den Stadtwald stattfinden. Auf die Einladung der Nachbarschaft wurde nach längerer Diskussion verzichtet. Wir wollten erst mal unter uns proben.

Schnell vergingen die nächsten Wochen. Da ich nicht zum Festkommuniqué gehörte, bekam ich nur am Rande etwas von den Karnevalsvorbereitungen mit.

An Weiberfastnacht war unser Gemeinschaftsraum entsprechend dekoriert. Unsere Frauen hatten es sich gemütlich gemacht. Es gab Bowle und Kanapees, diese kleinen Happen, und

andere Leckereien. Klaus und Willi hatten sich als Frauen ver-
kleidet und durften auch mitfeiern. Nachmittags waren wir alle
anwesend und hatten viel Spaß. Ich habe viele neue Lieder
gelernt. Zur Tagesschau war unser Haus wieder normal.

Samstags fand unsere Karnevalssitzung statt. Alle Bewohner
wurden vom Festkommuniqué in ihren Wohnungen abgeholt
und wir machten unseren hausinternen Karnevalsumzug. Klaus
und Willi warfen Karamellen. Im Gemeinschaftsraum ange-
kommen, wurde gesungen und geschunkelt. Ursula übernahm
das Regiment. Hanna hielt eine Büttenrede. Else und Helmut
hatten Liedtexte über unsere Hausgemeinschaft mit einer
Schlagermelodie verbunden. Else sang und Helmut begleitete
sie auf der Gitarre. Der Refrain wurde unsere Haushymne. Wir
singen sie nun bei vielen Anlässen. Ein paar Frauen führten
noch ein kleines Theaterstück mit dem Thema „Das verlorene
Lächeln" auf.

Für mich war es das erste Mal, dass ich Karneval gefeiert
habe. Ich habe viel gelacht, und „lachen ist gesund", so ein
ständiger Ausspruch von Ursula, unserer Karnevalspräsidentin.

Freund Franz

Während der Karnevalsvorbereitungen musste ich mich mit
meiner Steuererklärung auseinandersetzen. Bedingt durch eine
Betriebsrente und einiger Kapitalerträge blieb diese unabding-
bar. Mein alter Freund Franz, wir kennen uns seit der Schul-
zeit, ist pensionierter Finanzbeamter und ich nahm seine Hilfe
diesbezüglich schon seit Jahren in Anspruch. Sein Besuch in
meinem neuen Zuhause war überfällig und so war die Steuererklärung ein willkommener Anlass.

Franz bewohnt mit seiner Frau Hilde ein Einfamilienhaus in
einer Kleinstadt des Sauerlandes. Für ihn kam eine andere
Wohnform nicht infrage. Aber er war sehr interessiert an meiner Wohnform und, dies kann hier schon erwähnt werden, einige Monate später entstand daraus die Idee der „aktiven
Nachbarschaft".

Für Franz war die Erstellung meiner Steuererklärung immer Routine. Diesmal allerdings brachte Franz den Begriff „haushaltsnahe Dienstleistung" ins Spiel. Für mich etwas Neues und Anlass für eine ausführliche Erörterung:

Dienstleistungen im Haushalt, die durch einen Dritten ausgeführt werden, können die Steuer mindern. Zu den haushaltsnahen Dienstleistungen gehörten bei mir der Einsatz eines Fensterputzers und die Arbeit der Reinigungskraft. Ich erwähnte bereits, dass eine unserer Reinigungsfrauen für die Allgemeinflächen in unserem Haus auch bei mir tätig ist. Die Fenster putzt ein Unternehmen und stellt die Leistungen in Rechnung. Kein Problem, diese Kosten bei der Steuer geltend zu machen, denn Voraussetzung ist die Rechnung eines selbstständigen Unternehmers. Filo, meine Reinigungsfrau, bekommt ihre Entlohnung in bar, ohne Rechnung. Ihre Leistungen werden nicht vom Finanzamt anerkannt.

Es kam aber noch schlimmer, denn Franz klärte mich auf, dass dadurch hier eine illegale Beschäftigung vorlag. Nun hatte ich ein Problem und eigentlich auch unsere Hausgemeinschaft, denn wir beschäftigten zwei Frauen illegal. Nach der Aufklärung durch Franz folgte ein Lösungsvorschlag: Die Beschäftigung unserer Reinigungsfrauen musste angemeldet werden.

Steuer und Versicherungsbeiträge sind verhältnismäßig gering, wenn Höchstverdienstgrenzen eingehalten werden. Die Beschäftigten sind gleichzeitig auch in der gesetzlichen Unfallversicherung. Steuern und Versicherungsbeiträge werden vom Arbeitgeber gezahlt. Abgewickelt wird diese geringfügige Beschäftigung über die Knappschaftsversicherung. Werden Beiträge an die Knappschaft für haushaltsnahe Dienstleistungen entrichtet, können der Lohn und die Beiträge steuermindernd eingesetzt werden. Da auch die Reinigung der Treppenhäuser und des Gemeinschaftsraums zu den haushaltsnahen Dienstleistungen zählt, konnte, so Franz weiter, auch mein Kostenanteil daran steuermindernd eingesetzt werden. Voraussetzung war aber auch hier, dass die Beschäftigungen legal sind, d.h. bei der Knappschaft gemeldet sind.

Da nicht nur ich der Auftraggeber für diese Dienstleistungen war, sondern unsere gesamte aktive Hausgemeinschaft, konnte, so Franz weiter, ein sogenannter Arbeitgeberpool gebildet werden. Franz und ich verabredeten, dass ich mich mit Helmut über die Formalitäten im Internet unter www.haushaltscheck.de zusätzlich sachkundig machen würde.

Franz schlug vor, sich um eine Legalisierung ab Jahresbeginn zu kümmern. Karneval sollte abgewartet werden. Danach sollte das Thema bei einer Hausgemeinschaftszusammenkunft erörtert werden. Da meine Steuererklärung für das vergangene Jahr war, konnte ich als haushaltsnahe Dienstleistung nur meinen Fensterputzer geltend machen.

Franz und ich verlebten noch einen schönen Nachmittag und legten einen Termin für den Gegenbesuch zum Abschied fest.

Karnevalssonntag fuhren wir mit zwei Autos nach Hagen-Boele – keine Karnevalshochburg, aber sonntags findet dort ein Umzug statt, der Tradition hat und auch einiges bietet, zudem für uns überschaubar und gut zu erreichen war.

Dort, wo wir standen, war gute Stimmung. Ursula und Hanna, unsere Oberjecken, mischten kräftig mit, unterstützt wurden sie von Willi und Klaus.

Nachdem der ganze Rummel vorbei war, gingen wir auf eine Kaffeerunde in die Cafeteria des nahe liegenden Johannes-Krankenhauses – eine karnevalsfreie Zone. Else hatte diese Möglichkeit ausgekundschaftet und es wurde bereits dunkel, als wir die gemütliche und auch erholsame Runde schließlich beendeten. Da nicht alle Bewohner unserer Hausgemeinschaft dabei waren, schrieben wir noch eine Ansichtskarte als Gruß und Beweis dafür, dass wir in Hagen-Boele waren.

Der Kreis der feiernden Karnevalisten unserer aktiven Hausgemeinschaft wurde von Montag zu Dienstag immer kleiner. Der Alltag kehrte wieder in unser Haus ein. Mittwochnachmittag waren alle wieder an Deck.

Der geplante Spaziergang durch den Stadtwald fand bei trockenem Wetter statt. Unsere Mittwochskaffeerunde wurde auf 18 Uhr verlegt. Abends waren alle matt, lagen doch anstrengende Tage hinter uns. Selbst Willi und Klaus saßen still auf ihren Plätzen. Sie hatten ja auch noch morgens den Mittwoch-Großeinkauf durchgeführt.

Karneval blieb in guter Erinnerung und wir lachten noch lange über unsere Aktionen.

Notrufsystem

Ein wichtiger Bestandteil unserer „aktiven Hausgemeinschaft" ist unser Notrufsystem. Ich habe schon berichtet, dass wir noch eine elektronische Notrufanlage installieren wollten. Derzeit nutzten wir die vorhandenen Möglichkeiten.

Da alle Wohnungen mit Telefon ausgestattet sind, riefen wir uns gegenseitig an und teilten unseren Zustand mit. Dazu wurde ein Plan ausgearbeitet: Jeder Bewohner hat einen Paten bzw. eine Patin, dem oder der man morgens zwischen 8 und 9 Uhr und abends zwischen 19 und 20 Uhr mitteilt, dass alles in Ordnung ist. Vorübergehende zeitliche Änderungen und Abwesenheiten werden abgesprochen.

Meine Patin ist Else. Ich rufe sie morgens und abends an mit dem Hinweis, dass alles in Ordnung ist. Wenn ich das Haus verlasse, so bekommt Else eine Information mit dem Hinweis, dass ich mich bei ihr zurückmelde.

Ich bin aber auch Pate, und zwar für Wilma. Sie meldet sich immer bei mir. Bin ich abwesend, d.h. nicht im Hause, übernimmt meine Patin Else die Vertretung.

Der nachfolgende Plan zeigt, wie alle darin eingebunden sind. Erfolgt ein Anruf nicht, so wird per Gegenanruf geklärt, ob alles in Ordnung ist. Kommt keine Verbindung zustande, wird eine Person des Vertrauens informiert – dies ist meistens der Pate oder die Patin, die berechtigt ist, die Wohnung zu betreten.

Die Person des Vertrauens muss nicht Mitglied unserer Hausgemeinschaft sein. Sie sollte aber erreichbar sein und unmittelbar für eine Wohnungsbegehung zur Verfügung stehen.

Für jede Wohnung wird ein Schlüssel in einem verschlossenen Schrank im Technikraum aufbewahrt. Die drei gewählten Sprecher der Hausgemeinschaft haben zu diesem Schrank einen Schlüssel. Im Notfall wird der Wohnungsschlüssel hier entnommen.

Mit dem Plan hatten wir uns schon vor dem Einzug befasst. Helmut, unser Computerspezialist, war hier federführend. Natürlich gab es Anlaufschwierigkeiten und sogenannte Fehlalarme gehörten zum Tagesablauf. Sie wurden aber schnell weniger und inzwischen hatte sich das System bewährt.

Notrufsystem

Anruf zwischen 9:00 und 9:00 Uhr und zwischen 19:00 und 20:00 Uhr

Wohnung:	Name:	Telefon-Nr.:	Pate / in	Vertrauens-person	Notrufsystem: Anruf 1:	Anruf 2:	Anruf 3:	Anruf 4:	Anruf 5	Anruf 6:
1	Martha	42360	Lore	Lore	Lore	Martha	Hausarzt	112		
2	Wilma	45730	Hans	Ella	Ella	Hans	Hausarzt	112		
3	Willi	50920	Ursula	Ursula	Ursula	Katharina	112			
4	Hedwig u. Karl-Heinz	35400	Marie+Klaus	Wilma	Wilma	Willi	Hausarzt	112		
5	Trude u. Helmut	49520	Hanna+Georg	Ella	Ella	Else	Hans	Hausarzt	112	
6	Else	62350	Hans	Helmut	Trude+Helmut	Erika	Hans	Hausarzt	112	
7	Lore	39250	Martha	Else	Else	Lotte	Hausarzt	112		
8	Erika	35210	Lotte	Ella	Hans	Ella	Hausarzt	112		
9	Marie u. Klaus	45230	Hedwig+ K.H.	Hedwig+K.H.	Hedwig+K.H.	Ursula	Monika	Hausarzt	112	
10	Elfriede u. Josefa	47250	Karin+Gerda	Ursula	Ursula	Else	Erika	Hausarzt	112	
11	Lotte	51240	Erika	Monika	Monika	Hans	Hausarzt	112		
12	Wilhelm	53140	Otto	Otto	Erika	Karin+Gerda	Hausarzt	112		
13	Ella	42430	Wilma	Martha	Martha	Else	Hans	Hausarzt	112	
14	Hanna u. Georg	39050	Trude+Helmut	Marie+Klaus	Marie+Klaus	Monika	Hausarzt	112		
15	Karin u. Gerda	63450	Monika	Elfriede+Josefa	Elfriede+Josefa	Ursula	Hausarzt	112		
16	Ursula	56400	Willi	Erika	Erika	Lotte	Hausarzt	112		
17	Monika	49320	Karin+Gerda	Karin+Gerda	Karin+Gerda	Ella	Ursula	Hausarzt	112	
18	Otto	32550	Wilhelm	Otto	Otto	Erika	Hausarzt	112		
19	Hans	62001	Wilma	Else	Erika	Willi	Hausarzt	112		

So war ich als Erster mit einem echten Notfall konfrontiert. Ich erwähnte bereits, dass ich Pate für Wilma war. Wilma meldete sich eines Morgens nicht. Ich wartete bis 9 Uhr und rief Wilma an – keine Reaktion. Wilmas Vertrauensperson war Ella und deshalb informierte ich sie darüber.

Unsere Sprechergruppe hatte festgelegt, dass ich, wenn ich im Hause war, als Erster für die Öffnung der Wohnungstür im Notfall zuständig sein sollte. Also holte ich den Wohnungsschlüssel von Wilmas Wohnung aus dem Depot. Sicherheitshalber rief ich noch Else hinzu und wir betraten um 9:15 Uhr ihre Wohnung.

Ella ging als Erste rein und rief uns umgehend. Wilma lag im Schlafraum auf dem Boden und Ella stellte nur noch einen schwachen Puls fest. Ich rief sofort den Notarzt unter 112 an. Dieser kam und stellte eine Unterzuckerung fest. Wilma wurde behandelt und mit ins Krankenhaus genommen. Die Lebensgefahr war für sie aber schnell gebannt.

Unser Notrufsystem hatte funktioniert. Aber wir stellten auch sehr schnell fest, dass Wilma sehr viel Glück gehabt hatte. Mit einer Unterzuckerung kann man nämlich nur eine sehr begrenzte Zeit leben. Wäre die Unterzuckerung nach dem vorabendlichen Anruf eingetreten, so hätte unser System nicht lebensrettend funktioniert.

So ein Ereignis blieb für unsere Hausgemeinschaft nicht ohne Folgen. Tagelang war es Gesprächsthema. Ich wurde gedrängt, meinen Plan für eine elektronische Notrufanlage schneller zu verwirklichen. Für Diabetiker kann schnell eine Notfallsituation eintreten, aber die Mitglieder unserer Hausgemeinschaft konnten sich auch andere Situationen vorstellen, wo sie unmittelbar Hilfe benötigen würden.

Wilma wurde nach zwei Wochen aus dem Krankenhaus entlassen. Ihre Krankenkasse war bereit, bei der Anschaffung einer Notrufanlage behilflich zu sein. Ich besorgte über den Fachhandel ein Telefon mit Funknotrufsender und eine zusätzliche Notrufbox. Diese Notrufbox wählt bei Auslösung eines Notrufs nacheinander bis zu sechs Telefonnummern, die jeweils programmiert werden können. Die Dauer zwischen den Anrufen kann ebenfalls festgelegt werden.

Löst z.B. Wilma einen Notruf aus, so wählt das Gerät als Erstes mich als ihren Paten an. Wird der Anruf nach sechsmal Klingeln nicht angenommen, wird die nächste eingegebene Nummer gewählt. Hier wurde die Nummer von Else programmiert, dann die Nummer von Ella, der Vertrauensperson, und wenn diese auch nicht reagierte, dann die Nummer der Notrufzentrale 112. Mit der Auslösung des Notrufs wird das Telefon für das Mithören umgeschaltet. Hochempfindliche Mikrofone nehmen alle Geräusche in der Wohnung auf und über Lautsprecher kann der Angerufene mit dem Notrufauslöser kommunizieren.

Wie schon erwähnt, können bis zu sechs Rufnummern angewählt werden. Die einzelnen Rufnummern können per Tastendruck vom Wählprogramm ausgeschlossen werden. Dies ist wichtig bei vorübergehender Nichterreichbarkeit.

Im Falle von Wilma bedeutet das: Bin ich in Urlaub oder länger nicht erreichbar, wird der Anruf zu mir ausgesetzt und sofort die nächste Nummer, nämlich die von Else, gewählt. Notruftasten können mehrere angeschlossen werden. Sie können leitungsgebunden oder drahtlos sein.

Wilma hat ständig eine drahtlose Verbindung zum Notrufsystem als Kette umhängen. Sie kann den Sender auch als Armband tragen. Weiter kann Wilma den Notruf in ihrer Nasszelle mittels einer Zugschnur und am Telefon selbst auslösen.

Ich habe die Notrufzentrale 112 der Feuerwehr bei der Planung beteiligt. Eingehende Anrufe aus unserer Hausgemeinschaft werden entsprechend bearbeitet. Nach Rücksprache mit dem Hersteller der Notrufbox erfolgt nun zusätzlich noch eine Sprachansage, wenn der angewählte Teilnehmer den Anruf annimmt. Ist der Anruf von der Notruftaste ausgelöst, erfolgt die Ansage: Dies ist ein Notruf!

Wie schon erwähnt, wurde Wilma die erste Teilnehmerin unseres elektronischen Notrufsystems. Für die erforderlichen Geräte einschließlich Umrüstung entstanden Kosten von 430 Euro. Für alle 17 Wohnungen machte der Hersteller ein Angebot über 5.300 Euro. Zusätzlich sind zwei Anlagen als Reserve für Ausfälle im Preis und die Garantie von drei Jahren enthalten. Auch wurde der direkte Service durch den Hersteller angeboten, das bedeutet, ich sende defekte Geräte zum Hersteller zur Reparatur.

Die Kosten von 430 Euro für Wilmas Notrufanlage übernahm ihre Krankenkasse. Die Einrichtung und Installation habe ich übernommen. Ich selbst hatte in meiner Wohnung das System getestet und somit waren bislang zwei Wohnungen mit dem Notruf ausgestattet. Die restlichen Wohnungen sollten nach Kosteneinsparungen bei der Hausverwaltung angeschlossen werden. Vorrang sollten die Einzelpersonenwohnungen haben.

Katharina stellte bei ihrer Krankenkasse einen Antrag für einen Zuschuss wegen ihres Asthmas, der ebenfalls genehmigt wurde.

Ende des Jahres stellte unser Vermieter 5.000 Euro für die Anschaffung der restlichen Geräte zur Verfügung – eine Vorleistung auf die einzusparenden Verwaltungskosten.

Weihnachten 2009 waren alle Wohnungen am Notrufsystem angeschlossen. Das Direktwahlsystem erleichtert auch das Telefonieren untereinander. Ein Druck auf die Taste löst die Anwahl aus.

Übrigens: Unsere morgendlichen und abendlichen Anrufe haben wir trotzdem beibehalten.

Unser Dachgarten

Ostern 2009 rückte näher. Die Tage wurden länger und die ersten Anzeichen des Frühlings motivierten uns zu neuen Aktivitäten.

Bei zwei Hausgemeinschaftsversammlungen stand das Thema „Beschäftigung unserer Putzfrauen" auf der Tagesordnung. Helmut und ich hatten im Internet die notwendigen Informationen erhalten und unsere Mitbewohner darüber informiert. Dabei stellte sich heraus, dass fünf weiteren Mitbewohnern diese haushaltsnahen Dienstleistungen steuerliche Ersparnisse bringen würden.

Helmut und ich erhielten den Auftrag, die Legalisierung unserer Beschäftigungsverhältnisse schnellstens durchzuführen. In diesem Zusammenhang fiel uns auf, dass wir als „aktive

Hausgemeinschaft" nicht juristisch tätig werden konnten. Auch die geplante Übernahme der gesamten Hausverwaltung war nicht möglich. Unser Leitungsgremium – Else, Helmut und ich – wurde damit beauftragt, eine Klärung darüber herbeizuführen.

Über die Notwendigkeit einer formellen Vertretung gingen die Meinungen auseinander. Aber alle Mitglieder unserer Hausgemeinschaft konnten sich erinnern, dass unsere Beraterin schon vor dem Einzug in den Zusammenkünften darauf hingewiesen hatte. Wir konnten das damals nur noch nicht einordnen.

Else glättete die Wogen, indem sie die Tagesordnung mit anderen Themen fortsetzte. Sie war der Meinung, dass gute Dinge auch Zeit brauchten und unsere Hausgemeinschaftsversammlung nicht überfordert werden sollte.

So wurden die Nutzung und Gestaltung unseres Dachgartens thematisiert. Neue Gestaltungsmöglichkeiten wurden diskutiert und für den 1. Mai die offizielle Eröffnung terminiert. Bis dahin sollten alle Spuren des Winters, eventuelle Neugestaltungen und Pflegearbeiten abgeschlossen sein. Zur Eröffnung der neuen Dachgartensaison sollte unser Vermieter eingeladen werden. Georg sollte die Federführung der Aufräum- und Gestaltungsarbeiten übernehmen. Er versprach für die kommende Woche einen Einsatzplan. Alle Hausbewohner sagten ihre Mithilfe zu.

Übrigens: Unser Dachgarten ist 120 Quadratmeter groß. 30 Quadratmeter sind überdacht und ein 15 Quadratmeter großer Abstellraum sowie eine Toilette sind vorhanden. Zwischen dem Abstellraum und der überdachten Terrasse sollte nun eine sogenannte Anrichte installiert werden. Leitungen für den Anschluss einer Spüle und eines Elektrokochers waren schon vorhanden. Ein Kühlschrank sollte später gebraucht beschafft werden.

Martha hatte schon angekündigt, dass sie sich einen neuen größeren Kühlschrank zulegen wollte. Dackel Fritz war ja inzwischen Mitbewohner. Diese Bemerkung stammte mal wieder von Klaus, unterstützt von Willi, und die hatten die Lacher wieder auf ihrer Seite. Martha spendete den Kühlschrank gerne, weil doch alle ihren Fritz mögen.

Ostern

Es war mal wieder Mittwoch und 14 Tage vor Ostern. Die Omis in unserer Hausgemeinschaft benötigten Leckereien für ihre Enkelkinder, die Ostern zu Besuch kamen. Else hatte es schwer, die vielen einzelnen Wünsche für den Großeinkauf zusammenzustellen. Klaus und Willi drängten, denn die Zeit war schon erheblich fortgeschritten. Schließlich machte Willi den Vorschlag einer weiteren Einkaufsfahrt in dieser Woche. Heute wollten sie nur ein Auswahlsortiment mitbringen. Else nahm den Vorschlag sofort auf und erklärte, nicht abgenommene Musterware für sich zu übernehmen. Der Einkaufszettel wurde entsprechend erstellt und unsere Omis atmeten auf.

Für mich war der Einkauf von Osterleckereien nicht so wichtig. Meine Enkel hatten da nicht die hohen Erwartungen. Überhaupt hatte ich den Eindruck, dass auch die anderen Männer unserer Hausgemeinschaft gelassener oder auch gleichgültiger diesbezüglich waren. Ich wollte für meine drei Enkel Bücher besorgen. Aber die Rückkehr unserer Einkäufer Klaus und Willi ließ ich mir nicht entgehen. Unser Gemeinschaftsraum wurde regelrecht zu einem Ausstellungsraum.

Nachdem die Verteilung der normalen Einkäufe abgewickelt war, baute Else mit Trude die mitgebrachten Osterleckereien auf und versahen sie mit Preisschildern. Helmut hatte schnell eine Artikelliste am Computer erstellt und diese verteilt. Nun konnten wir unsere Bestellungen tätigen. Wer probieren wollte, musste zahlen. Nach einer Stunde waren die Muster fast vollständig verzehrt. Bei Kaffee und Tee hatten alle, besonders die Männer, zugelangt. Um 18 Uhr stellten wir fest, dass mal wieder ein gelungener Mittwoch zu Ende ging.

Klaus und Willi besorgten am anderen Tag die bestellten Osterartikel. Für mich nur ein paar Kleinigkeiten, die Else für mich in Empfang nahm, weil ich den Nachmittag in den Buchläden unserer Stadt verbrachte.

Ostern, so hatten wir in der Hausgemeinschaft abgesprochen, sollten keine Aktivitäten unsererseits stattfinden. Die Kinder und Enkelkinder hatten sich zu Besuch angemeldet.

Ich entschied, dass meine beiden Kinder und ihre Familien am ersten Osterfeiertag kommen sollten. Wir trafen uns in meiner Wohnung – eine beschränkte, aber gemütliche Angelegenheit. Tochter und Schwiegertochter hatten Kuchen mitgebracht und ich sorgte für Kaffee und heißen Kakao. Die Kinder, zwei Jungen und ein Mädchen, erhielten als Osterpräsent die von mir besorgten Bücher. Ich hatte Glück, alle drei Bücher fanden Anerkennung.

Als die Enkelkinder Dackel Fritz auf dem Flur bellen hörten, verschwanden sie in Richtung Dachgarten, wo sie Marthas Enkelkinder trafen. Fritz hatte seinen großen Tag und er brauchte den zweiten Osterfeiertag zur Erholung.

Auch ich genoss die Ruhe am zweiten Osterfeiertag und machte mit Willi einen langen Spaziergang. Willi hatte den ersten Osterfeiertag mit Wilma, Katharina, Elfriede und Josefa verbracht, da sie keinen Besuch hatten. Sie waren nach einer kleinen Wanderung in unser Stammcafé eingekehrt.

Willi und ich beschlossen den Tag mit Kaffee und Kuchen in meiner Wohnung. Kuchen war noch reichlich vom Vortag da.

Vereinsgründung

Mittwoch nach Ostern war eine Hausgemeinschaftsversammlung angesetzt. Der Mittwochseinkauf hatte nur wenig Zeit in Anspruch genommen, da der Bedarf sehr gering war.

Willi und Klaus hatten einen Katalog mit Kurzreisen mitgebracht, der uns alle zunächst beschäftigte. Es kam die Frage auf, ob wir es wagen sollten, gemeinsam eine Reise zu unternehmen. Nach anfänglicher Begeisterung wurde aber deutlich, dass hier einige Dinge beachtet werden mussten. Auch konnten wir uns nicht auf ein Reiseziel verständigen. Grundsätzlich war aber die Idee geboren und Else schlug vor, dass Elfriede, Hanna, Ella, Klaus und Georg einen Vorschlag erarbeiten sollten, über den dann später abgestimmt werden konnte. Beschlossen wurde aber jetzt schon, dass die Teilnahme freiwillig war.

Else rief nun den Punkt „Vereinsgründung" auf. Schon länger wurde die Notwendigkeit einer juristischen Vertretung diskutiert. Das Leitungsgremium – Else, Helmut und ich – hatte die Angelegenheit geprüft und auch Rat von außen geholt. Es war nicht so leicht, wie wir anfänglich gedacht hatten. Wir mussten uns zunächst mit den verschiedensten Möglichkeiten vertraut machen.

Das Beste wäre für uns ein eingetragener Verein gewesen, kam aber nicht infrage, weil die Voraussetzungen fehlten. Eingetragen in das Vereinsregister werden nur sogenannte Idealvereine. Diese verfolgen als Hauptzweck keine wirtschaftlichen Interessen. Sie sind in der Regel auch gemeinnützig, d.h., sie verfolgen externe Ziele, die nicht direkt den Mitgliedern zugutekommen.

Da wir als „aktive Hausgemeinschaft" nur unsere eigenen Interessen vertreten, die keinem außerhalb unserer Hausgemeinschaft von direktem Nutzen sind, konnten wir keinen Idealverein gründen.

Nun wurde aber 2007 durch den Bundestag das Gemeinnützigkeitsrecht reformiert. Die Förderung der Jugend- und Altenhilfe wurde als Zweck der Gemeinnützigkeit im § 52 der Abgabenordnung aufgeführt. Die Finanzämter richten sich bei der Definition der Altenhilfe nach den Bestimmungen des § 71 Zwölftes Sozialgesetzbuch. Danach soll Altenhilfe dazu beitragen, Schwierigkeiten, die durch das Alter entstehen, zu verhüten, zu überwinden oder zu mildern. Die alten Menschen sollten die Möglichkeit erhalten, am Leben der Gemeinschaft teilzunehmen. Deshalb werden auch Betätigungen, die normalerweise nicht gemeinnützig sind, als gemeinnützig angesehen, wenn sie der Unterstützung alter Menschen dienen.

Für uns stellte sich also die Frage, ob wir mit unserer „aktiven Hausgemeinschaft" auch als gemeinnützig gelten können? Die Anerkennung zur Gemeinnützigkeit hängt auch davon ab, ob der Verein die Allgemeinheit fördert. Eine Förderung der Allgemeinheit liegt vor, wenn die Tätigkeit des Vereins nicht nur einem kleinen, begrenzten Personenkreis zugutekommt. Ein geschlossener Personenkreis, wie ihn unsere „aktive Hausgemeinschaft" darstellt, genügt nicht. Wir könnten die Mitgliedschaft zu unserem geplanten Verein zwar öffnen, d.h., auch Mitglieder, die nicht unmittelbar zur Hausgemeinschaft gehören, zulassen bzw. aufnehmen, würden dann aber unserem Ziel nicht mehr gerecht werden.

Der Verein sollte als organisatorische Grundlage für unsere „aktive Hausgemeinschaft" genutzt werden. Mitglieder, die nicht bei uns wohnen, hätten keinen Nutzen, und eine passive Mitgliedschaft könnte die Willensbildung stören. Ein sogenannter rechtsfähiger Verein muss gemeinnützig sein, sonst ist ein Eintrag ins Vereinsregister nicht möglich.

Ein eingetragener Verein ist eine juristische Person, die selbstständige Rechte und Pflichten hat. Er kann Verträge abschließen, klagen und verklagt werden. Seine Mitglieder haften nicht persönlich.

Neben dem rechtsfähigen Verein, auch Idealverein genannt, gibt es auch nicht rechtsfähige Vereine. Mit ihnen kann eine Personengruppe ebenfalls Ziele verfolgen und sich eine Organisationsstruktur (Satzung) geben. Nicht rechtsfähig bedeutet keine selbstständige juristische Person. Haften müssen die Mitglieder, und für rechtliche Auseinandersetzungen müssen natürliche Personen beauftragt werden.

Die Rechtsprechung macht ansonsten keine Unterschiede zwischen rechtsfähigen und nicht rechtsfähigen bzw. eingetragenen und nicht eingetragenen Vereinen. Steuerpflichtig sind beide Vereine, Steuervergünstigungen setzen die Eintragung im Vereinsregister voraus.

Anstelle des nicht rechtsfähigen Vereins wäre eine GbR, Gesellschaft des bürgerlichen Rechts, für uns infrage gekommen. Sie hätte allerdings den Nachteil gehabt, dass alle Beteiligten zur Namensgebung herangezogen worden wären und personelle Veränderungen in unserer Hausgemeinschaft immer eine Erneuerung der Vereinbarung zur Folge gehabt hätte und wir bei jeder Entscheidung eine völlige Übereinstimmung hätten erzielen müssen.

Eine ideale Rechtsform für uns wäre die eingetragene Genossenschaft gewesen, allerdings steht der Aufwand zur Gründung und Unterhaltung in keinem Verhältnis zu unserem Anliegen. Hier müsste erst eine lange geforderte Anpassung durch den Gesetzgeber erfolgen. Darauf konnten wir nicht warten.

Ich möchte nun aber auch nicht tiefer in diese Materie einsteigen.

Wir haben uns dazu entschlossen, einen nicht rechtsfähigen Verein zu gründen. Nach eingehender Beratung mit Fachkundigen schien dies für uns ein geeigneter Weg zu sein. Wir hatten eine Satzung ausgearbeitet, die Helmut nun vorstellte:

In der Präambel wurden die Gründe für die Vereinsgründung erläutert:

„Wir, die Bewohner des Hauses Hansastraße 14, praktizieren eine aktive Hausgemeinschaft, die sich gegenseitig unterstützt, das Zusammenleben im Alter erleichtert und ein weitestgehend selbstständiges Leben in einer eigenen Wohnung ermöglicht. Wir wollen gemeinsam dazu beitragen, die Schwierigkeiten, die durch das Alter entstehen, zu verhüten, zu überwinden oder zu mildern. Zur Sicherstellung unserer Ziele ist es erforderlich, dass wir als Gemeinschaft auch gegenüber Dritten tätig werden können. Deshalb gründen wir einen Verein mit folgender Satzung:

1. Der Name des Vereins lautet: „Aktive Hausgemeinschaft Hansastraße 14"

2. Der Verein nimmt die Rechte der Mitglieder der Hausgemeinschaft in allen Dingen wahr, die für den Fortbestand der Hausgemeinschaft erforderlich sind und nicht von den einzelnen Mitgliedern selbstständig wahrgenommen werden können. Dies sind:
- die Hausverwaltung
- die Beschäftigung von Personal für die Pflege der Gemeinschaftseinrichtungen
- die Gestaltung, Pflege und Bewirtschaftung des Gemeinschaftsraumes, Dachgartens und der Stellflächen
- Mitbestimmung bei der Vermietung der Wohnungen in Zusammenarbeit mit dem Vermieter
- die Vertretung der Hausgemeinschaft beim Vermieter
- Einrichtung und Betrieb eines Notrufsystems

- Hilfe bei der Beschaffung von Dingen für den Lebensunterhalt
- gegenseitige Unterstützung bei Krankheit und Behinderung
- Organisation von notwendiger Hilfe von außerhalb, z.B. ärztliche Versorgung und Pflegedienste
- Pflege des geselligen Beisammenseins
- Kontakte zur Nachbarschaft
- Besuch von geselligen Veranstaltungen und Feiern
- Teilnahme an kulturellen Veranstaltungen

3. Mitglieder sind alle Bewohner der Hansastraße 14. Das Recht, kein Mitglied zu sein, wird dadurch nicht eingeschränkt, hat allerdings zur Folge, dass die durch Selbsthilfe getragenen Vergünstigungen entfallen.

Die Mitglieder zahlen monatlich einen Beitrag von 1 Euro. Die Mitgliedschaft endet bei Beendigung des Mietverhältnisses.

4. Der Verein wird von einem Leitungsgremium geführt. Dies soll aus drei Personen bestehen, von denen eine Person den Vorsitz übernimmt. Nach außen wird der Verein durch das Leitungsgremium vertreten.

5. Alle zwei Jahre erfolgt die Wahl des Leitungsgremiums. Stimmberechtigt sind alle Mitglieder. Die Mehrheit der Mitglieder kann eine außerplanmäßige Wahl herbeiführen. Auf Antrag eines Mitglieds erfolgt die Wahl geheim.

6. Das Leitungsgremium sorgt für die erforderliche Kommunikation in der „aktiven Hausgemeinschaft" durch Informationen am sogenannten „Schwarzen Brett", durch persönliche mündliche oder schriftliche Ansprache und Gemeinschaftsversammlungen.

So weit die Erläuterungen zur Satzung. Es gab noch einige Fragen, und dann wurde abgestimmt. Alle waren einverstanden, und wir, das Leitungsteam, froh, dass wir nun auch die juristische Sicherheit erreichen konnten.

Wir erstellten am nächsten Tag ein ausführliches Protokoll und machten einen Termin mit unserem Vermieter. Schon zwei Tage später informierten wir ihn über unsere Vereinsgründung und baten um seine Zustimmung, die uns ohne Einschränkung gegeben wurde. Schon vorab war die Notwendigkeit mit dem Vermieter erörtert worden.

Unser Vermieter bot uns an, die notwendige Beurkundung durch seinen Notar durchführen zu lassen. Wir nahmen dankend an.

Weiter teilte uns der Vermieter mit, dass er beabsichtige, ein Nachbargrundstück neben unserem Wohnhaus zu kaufen, um weitere Wohnungen zu bauen.

Das Grundstück links von unserer Hausgemeinschaft war mit einem älteren, kleinen Haus bebaut, umgeben von einigen Garagen und nicht sehr gepflegt. Unser Vermieter bot uns an, unsere aktive Hausgemeinschaft zu vergrößern und bei der Planung mitzuwirken. Er konnte sich auch vorstellen, eine Wohnung für Besucher bzw. zum Probewohnen zu verwirklichen.

Gut gelaunt traten wir den Heimweg an. Bevor ich einschlief, überlegte ich noch, inwieweit ich bei der Planung der neuen Wohnungen aktiv werden konnte und wollte. Dabei fiel mir auf, dass unsere Satzung bezüglich der eventuellen Erweiterung überprüft werden musste.

Das Nachbargrundstück firmierte unter Hansastraße 16. Folglich sollten wir einfach die Hausnummer 14 im Vereinsnamen weglassen, dann konnten Irritationen verhindert werden. Weiter musste festgelegt werden, welche Regelungen mit einer Erweiterung der Wohnungen und der eventuell geschaffenen Wohnung für Besucher bzw. zum Probewohnen erforderlich wurden. Eine Klärung dieser Fragen war mir heute aber nicht mehr möglich und ich schlief ein.

Erster Notruf

Ich wurde durch mein Telefon geweckt. Es war 0:30 Uhr. Else teilte mir mit, dass bei Katharina etwas nicht in Ordnung sei. Lore, die Patin, hatte nur ein Röcheln am Telefon vernommen.

Ich machte mich sofort auf und holte den Wohnungsersatzschlüssel. Vor Katharinas Wohnung warteten bereits Lore und Else.

Ich schloss auf und wir fanden Katharina, die unter starker Atemnot litt. Sie hatte Asthma und brauchte Hilfe. Ihr Notfallmittel brachte keine Entlastung. Ich drückte also die Taste 112 auf dem Anruftablo und schilderte der Notrufzentrale die Situation.

Kurze Zeit später kam der Notarzt und behandelte Katharina. Da sich ihr Zustand nur mit zusätzlicher Sauerstoffbeatmung leicht besserte, ordnete der Arzt die Mitnahme ins Krankenhaus an. Else begleitete Katharina und meldete nach ihrer Rückkehr, dass keine akute Lebensgefahr mehr bestand.

Inzwischen war es fast vier Uhr morgens und wir beschlossen, Katharinas Tochter erst nach 7 Uhr zu informieren. Sie konnte dann auch mit dem behandelnden Arzt im Krankenhaus sprechen und entscheiden, ob und wann ihre Anwesenheit erforderlich war.

Lore und ich hatten Katharinas Wohnung wieder verschlossen.

Katharinas Tochter kam noch am gleichen Tag. Sie teilte uns mit, dass ihre Mutter ohne längeren Aufenthalt im Krankenhaus nicht auskäme. Sie habe eine Lungenentzündung und müsse zusätzlich beatmet werden. Sie bat, die Wohnung ihrer Mutter derweil benutzen zu dürfen, was eigentlich selbstverständlich war.

Katharina kam noch mal an zwei Wochenenden zur Probe nach Hause und teilte uns nach fast zehnwöchigem Krankenhausaufenthalt mit, dass sie nicht mehr zurückkommen könne. Sie brauchte eine ständige Betreuung in einer Pflegeeinrichtung. Diese Pflegeeinrichtung wurde am Wohnort der Tochter gefunden.

Schon jetzt sei erwähnt, dass wir für Katharina eine Abschiedsfeier auf unserer Dachterrasse veranstaltet haben. Es war sonniges und warmes Wetter. Wir und auch Katharinas Tochter sowie Schwiegersohn haben viel Spaß gehabt. Zum Abschied flossen reichlich Tränen und eine stille Hausgemeinschaft blieb zurück. Selbst Willi und Klaus saßen still in ihren

Sesseln. Unsere Gemeinschaft musste den ersten Verlust verkraften – eine Wohnung stand leer.

Die Erweiterung

Zurück zur Woche nach Ostern 2012.

Unsere Satzung wurde dahingehend geändert, dass der Name unseres Vereins „Aktive Hausgemeinschaft Hansastraße" lauten sollte.

Ich erhielt schon wenige Tage nach dem Besuch beim Vermieter einen Anruf, in dem mir gesagt wurde, welche Mitwirkung von mir und unserem Leitungsteam bei der Planung der Bebauung des Nachbargrundstücks erwartet wurde.

Da unser Wohnhaus direkt an die Grenze zum Nachbargrundstück gebaut worden war, musste auf Fenster und andere Öffnungen mit Blick zum Nachbargrundstück verzichtet werden. Das hatte jetzt den Vorteil, dass der Neubau auf dem Nachbargrundstück direkt mit unserem Haus verbunden werden konnte. Der Dachgarten und der Gemeinschaftsraum konnten so durch eine Zusammenlegung vergrößert werden. Zusätzlich wurde durch ein weiteres Treppenhaus der Brandschutz optimiert.

Es sollten zwölf weitere Wohnungen entstehen, davon eine Wohnung für Gäste bzw. für das Wohnen auf Probe. Unsere Hausgemeinschaft sollte, so unser Vermieter, zustimmen, dass die weiteren Wohnungen und ihre Bewohner in unsere „aktive Hausgemeinschaft" mit einbezogen wurden. Wir sollten auch Vorschläge unterbreiten, wie die Gemeinschaftseinrichtungen erweitert und gestaltet werden sollten.

Mich bat der Vermieter um Unterstützung bei der Planung und Einrichtung der Technik. Der Vermieter betonte, dass ihm und seiner Familie sehr daran gelegen sei, unsere „aktive Hausgemeinschaft" zu erhalten und zu stärken. Auf meinen Einwand hin, dass unsere Wohnungen ja auch mal den Besitzer wechseln könnten, erklärte unser Vermieter, dass er in Erwägung ziehe, unser Gebäude und auch den Neubau in eine Stiftung einzubringen.

Mein Freund Franz, der Finanzbeamte, erklärte mir später, dass mein Vermieter erhebliche Steuerersparnisse hätte, wenn er Teile seines Vermögens in eine Stiftung einbrächte. Auch würde dadurch die Erbschaftsteuer verhindert, die bei großen Immobilienvermögen eine starke Belastung sein kann.

Für unsere Hausgemeinschaft war wichtig, dass unsere Wohnungen nicht verkauft bzw. für Spekulationen genutzt werden konnten.

Verein und Stiftung

Im Mai besuchte ich meinen Freund Franz im Sauerland. Unsere Freundschaft musste gepflegt und einige Dinge, die unsere Hausgemeinschaft betrafen, besprochen werden.

Da war zunächst unser Verein, der ja als nicht rechtsfähiger bzw. nicht eingetragener Verein inzwischen gegründet worden war. Dies bedeutet, dass wir dem Finanzamt jährlich unsere Einnahmen und Ausgaben nachweisen müssen und, falls wir erhebliche Gewinne erzielen sollten, auch Steuern anfallen können. Letzteres, so stellte Franz fest, sei wohl nicht der Fall, weil wir keine entsprechenden Einnahmen hätten.

Der Mitgliedsbeitrag würde durch die anfallenden Kosten aufgebraucht. Die Beschäftigung des Reinigungspersonals und der Unterhalt der Gemeinschaftseinrichtungen würden durch kostendeckende Umlagen getragen. Die Bildung einer Rücklage in entsprechender Höhe löst keine Steuerpflicht aus.

Wir erörterten auch die Vor- und Nachteile von privaten Stiftungen. Die Einbringung von Immobilienvermögen in eine Stiftung, so erklärte mir Franz, bedeutet zwar, dass der Stifter nicht mehr über das Vermögen allein verfügen, aber weiterhin Nutznießer sein kann. Zum Beispiel können Gewinne aus dem Stiftungsvermögen zur Sicherung des Alters von bestimmten Personen, auch die des Stifters, verwendet werden.

Es gibt große Unternehmen in Deutschland, die als Stiftung unternehmerisch tätig sind, z.B. die Krupp-Stiftung oder die Lidl-Stiftung. Diese Stiftungen zahlen erhebliche Steuern, und ein Grund für die Stiftungsgründungen war, damit eine sogenannte unkontrollierte Übernahme zu verhindern.

Viele andere Stiftungen sind gemeinnützig und auf Dauer von allen steuerlichen Verpflichtungen befreit.

Letztlich waren Franz und ich überzeugt von einer guten Sache.

Wie schon kurz angedeutet, war Franz durch unsere „aktive Hausgemeinschaft" angeregt, Ähnliches in seinem Umfeld zu schaffen.

Er bewohnt mit seiner Frau ein Reihenhaus, hatte schon mit allen Nachbarn über die Idee einer „aktiven Nachbarschaft" gesprochen und war auf großes Interesse gestoßen. So wie wir als einzelne Wohnungsinhaber bestimmte Dinge gemeinsam regeln, so sollten und könnten dies auch mehrere Hausbesitzer tun. Wobei auch die einzelnen Fähigkeiten zum Tragen kommen sollten und gemeinsam Dienstleistungen an Dritte vergeben werden sollten: ein Gärtner für alle, die Reinigung der Fenster durch eine Reinigungsfirma, gemeinsames Personal für die Hausreinigung und die Vergabe von Arbeiten an Handwerker.

Sehr lukrativ kann der gemeinsame Einkauf von Energie sein. Franz berichtete, dass neben seinen unmittelbaren Nachbarn auch andere Hauseigentümer in der Umgebung daran interessiert waren.

Wir sprachen lange über die Möglichkeiten einer „aktiven Nachbarschaft" und Franz erklärte mir beim Abschied am anderen Tag, dass er die Sache nun angehen wollte.

Einwohnerzusammenkunft Mai

Wir vom Leitungsteam beschlossen, die übrigen Mitglieder unserer Hausgemeinschaft nicht über alle Neuigkeiten von unserem Vermieter zu informieren. Zunächst sollte nur die Zustimmung zur Erweiterung unserer Hausgemeinschaft diskutiert und ein Beschluss gefasst werden. Die Einzelheiten über die baulichen Veränderungen sollten erst bekannt gemacht werden, wenn die Planung auch umgesetzt wurde.

Else berichtete Ende Mai auf der Einwohnerzusammenkunft von den Plänen des Vermieters auf dem Nachbargrundstück. Sie trug die Bitte des Vermieters vor, unsere „aktive Hausgemeinschaft" für die neuen Bewohner zu öffnen. Nun wurde auch deutlich, warum wir den Namen unseres Vereins noch einmal geändert hatten.

Grundsätzlich waren alle dafür, die neuen Nachbarn mit einzubeziehen. Heftig diskutiert wurde darüber, wer die Auswahl der neuen Mitbewohner vornehmen sollte und wie diese in die vorhandene Struktur eingebunden werden sollten. Unsere anfänglichen Schwierigkeiten waren noch nicht vergessen.

Um in der Sache weiterzukommen, ging ich in meine Wohnung und rief unseren Vermieter an. Ich erreichte seine Frau und berichtete von unserer Diskussion. Sie antwortete, dass sie für ihre Familie sagen könne, dass ohne Zustimmung unserer Hausgemeinschaft keine Wohnung vergeben würde. Sie bat uns sogar um Mithilfe bei der Werbung neuer Mieter.

Zurück in unserer Zusammenkunft, informierte ich über das Gespräch und Else konnte kurze Zeit später ein einstimmiges Ergebnis für die Erweiterung unserer Hausgemeinschaft feststellen.

Abschließend bat Else die Hausgemeinschaft, sich Gedanken zu machen, wie wir an neue Mitbewohner kommen konnten.

Erika

Der Juni begann mit sonnigen Tagen und wir nutzten diese Zeit auf unserem Dachgarten. Ich war fast täglich mit unserer Wandergruppe unterwegs. Ständig dabei war Dackel Fritz, und auch Martha, seine Chefin, nahm sich Zeit für einen ausführlichen Ausgang. War Martha verhindert, so nahm die übrige Gruppe Dackel Fritz mit. Mal waren wir zu dritt, dann wieder mehr als zehn.

Es fanden auch noch andere Aktivitäten statt, wie z.B. unsere Skatrunde, die inzwischen nicht mehr nur aus Männern bestand.

Unsere Frauen nutzten die schönen Tage auf dem Dachgarten mit ihrer Textilrunde, so wurde sie inzwischen genannt. Stricken, Häkeln und Flicken bei guter Unterhaltung waren beliebt. Willi und Klaus setzten sich auch gern dazu und brachten mit ihren Sprüchen die Runde in Hochstimmung.

Ich ging lieber durch den nahen Stadtwald oder bei regnerischem Wetter in die Stadt. Die Wandergruppe machte, wenn es möglich war, gern Pause in einem Gasthof, Café oder Biergarten.

Bei einem solchen Besuch sprach mich mal eine Frau an und fragte mich nach meinem Namen. Erika hieß sie und weckte Erinnerungen an meine Jugendzeit.

Bis zu meinem elften Lebensjahr hatte Erika in meiner Nachbarschaft gewohnt. Dann war ich mit meinen Eltern in die Nachbarstadt gezogen und ich traf Erika (Ekki) wieder, als ich 16 Jahre war. Wir absolvierten beide eine Ausbildung im gleichen Stadtviertel und sahen uns öfters. Ich verliebte mich in Ekki und folgte ihren Spuren. Da ich schüchtern war, blieb der Kontakt locker und meine Liebe einseitig. Später sah ich Ekki nur noch ein- oder zweimal, weil ich mich beruflich verändert hatte und nicht mehr vor Ort war.

Nun stand sie vor mir, meine erste große Liebe, und wir schwelgten in Erinnerungen. Erika hatte einen Handwerker geheiratet und mit ihm fünf Kinder. Ihr Mann war zehn Jahre älter und musste in ein Pflegeheim. Erika bewohnte noch die gemeinsame Wohnung in einem eigenen Haus, das, weil es ein Mehrfamilienhaus war, verkauft werden musste. Die Krankheit hatte viel Geld gekostet und entsprechende Versicherungen fehlten.

Erika fragte mich nach meiner Situation und ich berichtete kurz über unsere „aktive Hausgemeinschaft". Meine Wandergruppe hatte inzwischen schon den Heimweg angetreten. Da Klaus und Willi mit dabei waren, konnte ich mich wohl auf einiges gefasst machen, wenn ich wieder zurück war.

Erika wollte mehr über unsere Hausgemeinschaft wissen und stellte mir viele Fragen.

Nach ungefähr einer Stunde, ich drängte bereits zum Aufbruch, stellte ich spontan die Frage, ob sie interessiert an einer solchen Hausgemeinschaft für ihr Haus sei.

Nein, antwortete sie, eher interessierte sie sich für so etwas, wie ich es bewohnte – selbstständig im eigenen Wohnbereich, aber dennoch nicht alleine.

Zum Abschied tauschten wir unsere Telefonnummern aus und verabredeten, Kontakt zu halten.

Eine Woche später rief Else an und bat mich in unseren Gemeinschaftsraum. Bei Else saß, zu meiner großen Überraschung, Erika. Die beiden scherzten, als sie mein verdutztes Gesicht sahen. Else erklärte, Erika sei an unserer Hausgemeinschaft interessiert, habe sich Elses Wohnung angesehen und könne sich sehr gut vorstellen, hier noch ein paar Jahre zu leben.

Erika war einfach vorbeigekommen und Else hatte sie im Eingang getroffen im Gespräch mit unserer Filo. Else bat mich um meine Meinung und ich deutete an, dass ich befangen sei.

Diese Antwort wurde schallend von beiden Frauen belacht. Erika erklärte, dass sie an der Hausgemeinschaft und nicht an mir interessiert sei. Schließlich sei sie den größten Teil ihres Lebens ohne mich ausgekommen. Das war deutlich und ich konnte nur noch verlegen lächeln. Ich entschuldigte mich und machte deutlich, dass die gesamte Gemeinschaft zustimmen sollte.

Gleichzeitig fiel mir wieder die Idee mit dem sogenannten Probewohnen ein. Das Thema hatte ich vor Monaten schon einmal bei unserem Vermieter angesprochen, der die Idee in seine Erweiterungspläne aufgenommen hatte. Ein Neuzugang sollte zunächst vier bis sechs Wochen eine Wohnung beziehen und unsere Hausgemeinschaft kennenlernen. Erst danach sollten die Entscheidungen über einen Dauermietvertrag und eine Mitgliedschaft in unserer „aktiven Hausgemeinschaft" getroffen werden. Würde die Wohnung nicht für ein Probewohnen benötigt, sollte sie als Gästewohnung zur Verfügung stehen. Es war aber bisher nur ein Plan und wir mussten leider feststellen, dass es diese Möglichkeit derzeit noch nicht gab. Wir konnten Erika also nur auf die Warteliste setzen.

Vierzehn Tage später änderte sich bereits die Situation. Wie schon berichtet, kam Katharina nicht mehr in ihre Wohnung zurück. Sie musste in eine Dauerpflege und fand einen Platz am Wohnort ihrer Tochter.

Wir baten unseren Vermieter um ein Gespräch und er lud uns einige Tage später in sein Büro ein. Sein und inzwischen auch unser Notar war ebenfalls anwesend. Der Notar legte uns die Bestätigung unserer Vereinssatzung vor und weiter einen Vertrag zwischen dem Vermieter und unserem Verein über die

Übernahme der Hausverwaltung. Ab sofort sollten wir die Angelegenheiten der Hausverwaltung insgesamt übernehmen und damit auch die finanzielle Verantwortung. Bei Dingen, die die Immobilie betreffen, muss der Vermieter eingeschaltet werden. Ansonsten sollten wir nur berichten.

Die Kosten für die bisherige Hausverwaltung – das waren 23 Euro pro Wohnung und Monat und wurde aus den Mieteinnahmen für die Arbeit eines externen Hausverwalters gezahlt – standen nun der Hausgemeinschaft zu. Über die mögliche Verwendung habe ich bereits an anderer Stelle informiert.

Die Besetzung der frei gewordenen Wohnung und ihre mögliche Renovierung waren nun Sache unserer Hausgemeinschaft.

Wir sprachen auch noch das Wohnen auf Probe an. Unser Vermieter war einverstanden, dass wir die nun frei gewordene Wohnung dafür nutzen wollten. Der noch anwesende Notar wollte uns einen Vertragsentwurf über ein Probewohnverhältnis zukommen lassen. Es wurde auch über die rechtlichen Risiken gesprochen. Wichtig war, dass ein Wohnen auf Probe nur möglich ist, wenn die Mieterin oder der Mieter zur Probe noch eine eigene Wohnung hat und auch behält.

Der Vermieter beauftragte uns, einen Vorschlag über die Einrichtung zu machen. Es sollten Möbel sein, die bis zur endgültigen Einrichtung einer Probe- bzw. Gästewohnung auch eingelagert werden konnten. Else, Helmut und ich waren uns auf dem Heimweg einig, es würde uns nie langweilig werden.

Erika und unsere Hausgemeinschaft

Der nächste Tag war ein Mittwoch. Nach dem Einkauf saßen wir in gemütlicher Runde beisammen und Else stellte fest, dass alle Bewohner anwesend waren. Sie berief eine Einwohnerversammlung ohne besondere Einladung ein und berichtete über die Neuigkeiten vom Vortag: Vereinseintragung, Hausverwaltung und Neubesetzung der frei gewordenen Wohnung.

Die Möglichkeit des Wohnens auf Probe wurde von allen begrüßt – die Möglichkeit des Kennenlernens im Alltag als sehr hilfreich angesehen. Abschließend bat Else um eine Entscheidung über die erste Bewerbung für das Wohnen auf Probe. Auf der Warteliste standen sechs Namen. Else berichtete über die Bewerbung von Erika und dass ich sie von früher kannte. Das war das Stichwort für Willi und Klaus, die sich bisher noch nicht über das Treffen mit Erika bei unserer Wanderung geäußert hatten: „Hans, ist das die aus dem Café? Wo hast du die kennengelernt?"

Ich will nicht alles aufzählen, was die beiden abwechselnd in die Runde warfen. Ich kam ganz schön unter Druck, aber wir hatten unseren Spaß dabei. Else erklärte, dass sie für Erika sei, und bat um Abstimmung.

Alle stimmten zu, nur ich hob meine Hand nicht. Sofort reagierte Willi, unterstützt von Klaus, aber Else unterbrach und fragte sachlich nach meiner Stimme. Ich erklärte, dass ich mich enthalte würde und meine Enthaltung nicht die Einstimmigkeit der Zustimmung gefährde. Alle Bewohner sollten sich ein eigenes Bild von Erika machen und prüfen, ob sie in unsere Gemeinschaft passte. Da ich Erika bereits gut kannte und sie durch mich zur Bewerberin geworden war, hielt ich es für besser, mich bei der Abstimmung zu enthalten. Mit dieser Erklärung waren alle zufrieden und Willi und Klaus sprachlos.

Else informierte Erika über die Neuigkeit und bot ihr eine Zeit von einem bis zwei Monaten zum Wohnen auf Probe an. Erika nahm an und unterschrieb eine Woche später den Vertrag.

Abweichend vom üblichen Mietvertrag ist das Wohnen auf Zeit. Die Mieterin oder der Mieter kann täglich das Mietverhältnis mit sofortiger Wirkung kündigen. Von der Hausverwaltung ist eine Kündigung nach Ablauf eines Monats möglich. Bei groben Verstößen gegen die Hausordnung wird eine sofortige Auflösung des Mietverhältnisses festgelegt.

Nach einem Monat kann erstmalig ein Beschluss von der Hausgemeinschaftsversammlung gefasst werden.

Die Mieter auf Probe müssen nachweisen, dass sie ihre bisherige Wohnung weiter behalten und eine Haftpflichtversicherung haben. Die Miete muss für den ersten Monat vor Einzug gezahlt sein. Bei vorzeitiger Auflösung des Mietverhältnisses erfolgt keine Erstattung. Wird das Wohnen auf Probe über den ersten Monat fortgesetzt, so ist eine zweite Monatsmiete zu zahlen, die allerdings bei vorzeitiger Auflösung des Mietverhältnisses anteilig erstattet wird. In die Miete werden die Nebenkosten pauschal eingerechnet.

Erika war die Erste, die das Wohnen auf Probe absolvierte. Sie sollte uns und wir sie kennenlernen.

Wir, die bisherige Hausgemeinschaft, hatten uns vor dem Einzug über ein Jahr lang alle 14 Tage getroffen. Bei der ersten Zusammenkunft waren es 48 Teilnehmerinnen und Teilnehmer gewesen. Nach drei Monaten waren es nur noch 32 gewesen. Letztlich erhielten drei Teilnehmer keine Zusage, sodass der Erstbezug mit 23 Personen erfolgte. Diese kannten sich inzwischen und das Experiment konnte beginnen.

In den ersten zwei Jahren brachte das Zusammenleben noch viele Ungereimtheiten. Ohne Schiedsrichterin, so nennen wir unsere Beraterin, wäre es nicht gelaufen. Sie erinnerte uns immer wieder an unser Ziel, denn in einer aktiven Hausgemeinschaft können die Vorteile des Alleinwohnens mit denen des Lebens in Gemeinschaft verbunden werden: einerseits genug Abstand für den eigenen Lebensstil und -rhythmus, andererseits genug Nähe und Gelegenheit, mit anderen gemeinsam etwas zu unternehmen, sich gegenseitig zu helfen und Sicherheit zu geben.

Am 1. September zog Erika auf Probe in die ehemalige Wohnung von Katharina. Die Wohnung war renoviert, d.h. neu gestrichen und mit Gardinen ausgestattet. Die Küche war fester Bestandteil der Wohnung. Else hatte sie mit Geschirr, Töpfen und anderem Zubehör ausgestattet. Im Auftrag des Vermieters lieferte ein Einrichter die Möbel für den Wohnraum und das Schlafzimmer. Die Möbel waren, wie abgesprochen, auch geeignet für die zukünftige Gästewohnung.

Bereits im Juli und August kam Erika ins Haus und nahm an unseren Aktivitäten teil. Sie besuchte fast täglich ihren Mann im Pflegeheim und nicht selten suchte sie bei uns ein wenig Entspannung. Anfang Oktober beschloss die Hausgemeinschaft einstimmig das Ende der Probezeit für Erika. Erika stimmte ebenfalls zu und wurde Mitglied unserer Hausgemeinschaft.

Nicht immer endet das Wohnen auf Probe mit einem endgültigen Einzug. Ein Mal haben wir, die Hausgemeinschaft, es be-
endet. Beim dritten Probewohnen verließ den Bewerber der
Mut. Weitere Erfahrungen müssen wir noch sammeln, obwohl,
das muss ich deutlich machen, der Abschied von einer Mitbewohnerin oder einem Mitbewohner ist für uns immer sehr
schwer. Aber wir wissen, dass Veränderungen in unserer
Hausgemeinschaft dazugehören und wir uns darauf einstellen
müssen.

Die neuen Bewohner

Die Aussicht, dass wir in Zukunft nach Fertigstellung der Erweiterung die Möglichkeit des Wohnens auf Probe anbieten
konnten, würde sehr hilfreich bei der Eingliederung und Auswahl neuer Bewohner für unsere „aktive Hausgemeinschaft"
sein.

Im Leitungsgremium hatten wir schon diskutiert, wie wir die
Neubesetzung nach Fertigstellung des Erweiterungsbaus vornehmen konnten. Entscheiden mussten wir über zwölf Wohnungen, wobei drei Wohnungen für zwei Personen und eine
Gäste- bzw. Probewohnung gebaut wurden. Wohnen auf Probe
für 17 Personen und mehr in nur einer Wohnung, da nicht alle
Bewerber als Mieter infrage kamen, das konnten wir uns nicht
vorstellen. Hinzu kam, dass die Probewohnung ja erst noch
gebaut werden musste. Uns, dem Leitungsgremium, wurde
heiß und kalt bei diesen Vorstellungen. Else schlug Vertagung
vor und wir nahmen sofort an. Auf uns kam noch einiges zu.

Als Else und ich einige Tage später wieder auf das Thema zu
sprechen kamen, wurde uns deutlich, dass wir mehr Öffent-
lichkeit für unsere „aktive Hausgemeinschaft" brauchten. Wir
hatten auf unserer sogenannten Warteliste noch sechs Bewer-
bungen. Zwei hielten wir nur für bedingt geeignet und ohne
Probe nicht für akzeptabel. Vor und auch nach unserem Einzug
hatte die lokale Presse über uns und unser Vorhaben berichtet.
Wir erhielten viele Anfragen von älteren Menschen, aber auch
von Vereinen, die unser Haus besichtigen wollten. Nachdem
wir drei Termine absolviert hatten, beschlossen wir, keine Be-

56

sichtigungen mehr durchzuführen. Willi und Klaus kommentierten, sie kämen sich vor wie im Zoo.

Mussten/wollten wir uns noch öfter rechtfertigen und sagen lassen, dass alles langfristig doch nicht funktionieren würde!?

Einige Besucher nahmen die Besichtigung sehr ernst und öffneten nicht nur alle Türen, sondern auch die Schränke, und dies nicht nur in einer Wohnung, sondern überall, wo sie Zutritt hatten. Echtes Interesse hatte nur ein geringer Prozentsatz.

An dieser Stelle bitte ich Sie deshalb als Leserinnen und Leser um Verständnis dafür, dass in meinen Berichten über die „aktive Hausgemeinschaft" keine nachvollziehbaren Informationen über den Standort und Namen enthalten sind. Meine Informationen dienen als Anregung zum Selberausprobieren. Wohnen im Alter ist ein aktuelles Thema und wir haben für uns eine Lösung gefunden, mit der wir in Ruhe leben möchten. Sie bekommen in diesem Buch aber alle Informationen zum Selbermachen.

Else und ich waren uns einig, dass wir einen neuen Weg zur Erweiterung unserer Hausgemeinschaft finden würden. Wir hatten ja noch einige Monate Zeit.

Unser Haus im Grundriss

Nun habe ich ja schon einiges über das Leben in unserer „aktiven Hausgemeinschaft" berichtet, ohne über unsere Wohnungsstruktur zu informieren. Nachfolgend deshalb die Grundrisse unserer Wohnungen verteilt auf zwei Ebenen.

Wichtig für uns war, dass es keine sogenannten Einraumwohnungen sind, sondern der Wohn- und Schlafbereich getrennt ist. Der öffentlich geförderte Bau von Altenwohnungen ist an festgesetzte Größen gebunden, die meist eine Trennung in zwei Bereiche nicht zulassen. Für mich wäre ein Wohnschlafraum nicht akzeptabel. Da müsste ich ja ständig auf Ordnung achten, die einen Besuch in meiner Wohnung zulässt.

Jetzt habe ich einen Bereich, der nur von mir genutzt wird und nicht öffentlich ist. Unverzichtbar sind für mich auch der Balkon und das Bad mit einem Fenster. Wir haben für jede Wohnung einen Kellerraum, nicht sehr groß, aber für eine Zwischenlagerung gut geeignet. Wasch- und Trockenraum sowie ein Platz für die Müllentsorgung sind ebenfalls vorhanden. Im Kellergeschoss sind auch noch acht Stellplätze für Pkws. Da das Kellergeschoss nicht ganz in die Erde gebaut wurde, sondern über einen Meter herausragt, ist die Einfahrt zur Tiefgarage nicht so steil und der Hauseingang entsprechend versetzt. So ist ein vom Wohnbereich abgeteilter Hauseingangsbereich entstanden, der aufgelockert gestaltet wurde. Die Fenster der Wohnungen in der ersten Etage wurden durch die versetzte Bauweise auch in einen sicheren und nicht direkt einsehbaren Bereich angeordnet.

Grundriss der Wohnungen

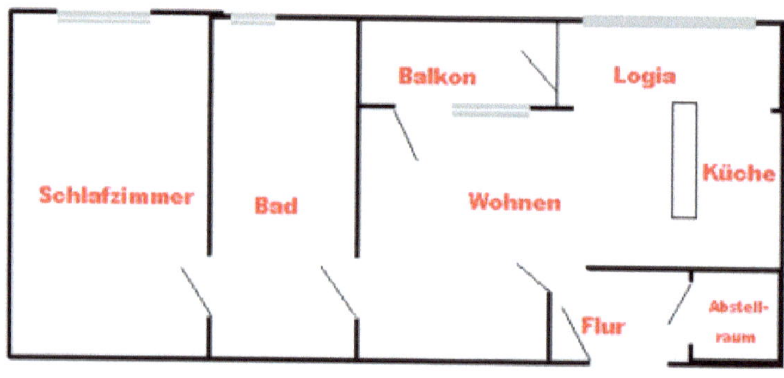

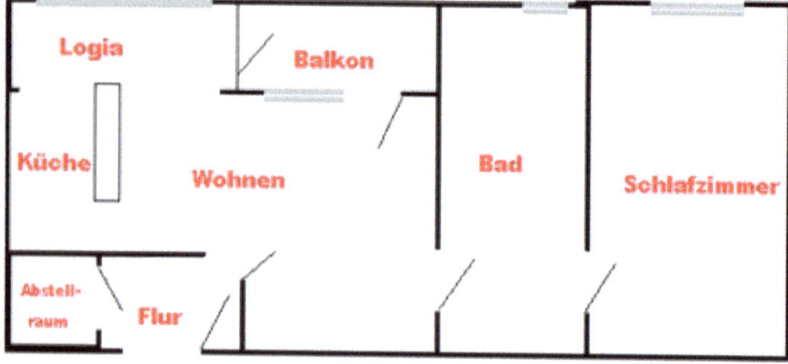

Thema Reise

Auf unserer Hausgemeinschaftsversammlung in der Woche nach Ostern hatten wir über das gemeinsame Verreisen bzw. in Urlaub fahren diskutiert. Elfriede, Hanna, Klaus und Georg sollten einen Vorschlag erarbeiten.

Nun stand dieser Punkt auf der Tagesordnung für unsere Hausgemeinschaftsversammlung. Elfriede berichtete über die Arbeit der Vorbereitungsgruppe und machte zwei Vorschläge: eine 14-tägige Reise nach Norderney und eine 10-tägige Reise nach Passau bzw. in den bayerischen Wald.

Die Reise nach Norderney sollte im September oder Anfang Oktober stattfinden. Zum gleichen Zeitpunkt sollte auch die Reise nach Passau durchgeführt werden. Für die beiden Vorschläge gab es einen Grund: Die Vorbereitungsgruppe hatte sich nicht einigen können, ob See oder Berge bereist werden sollten. Nun sollte also die Hausgemeinschaft entscheiden.

Auch unsere Hausgemeinschaftsversammlung diskutierte über die Vor- und Nachteile von See und Berge. Else griff nach einer halben Stunde ein und fragte jeden Einzelnen, ob und an welcher Reise ein Interesse bestand. Trude, unsere Schriftführerin, notierte Namen und Entscheidungen.

Zum Schluss wurde ich befragt. Ich erinnerte mich an unseren Beschluss von Ostern, dass die Teilnahme freiwillig sei, und ich wollte mich für keine gemeinsame Reise entscheiden.

Else wollte genauer wissen, warum ich kein Interesse hatte. Sie ahnte wohl, dass es etwas Grundsätzliches sein könnte. Ich erklärte, wir praktizierten das ganze Jahr in unserer „aktiven Hausgemeinschaft" das Zusammenleben. Mit Urlaub wäre für mich auch ein Abstand vom Alltäglichen, also auch von unserer Hausgemeinschaft verbunden. Nach jedem Urlaub wäre ich bisher gerne wieder nach Hause gekommen. Ich hätte Zweifel, ob der gemeinsame Urlaub überhaupt Urlaub wäre oder nur die Fortsetzung unseres täglichen Lebens an einem anderen Ort. Zum besseren Verständnis erklärte ich noch, dass ich auch niemals mit Arbeitskolleginnen oder -kollegen in Urlaub gefahren wäre, auch wenn wir uns noch so gut verstanden hätten.

Helmut bat, den Beschluss zur Freiwilligkeit noch einmal zu bestätigen und um eine Korrektur seiner Entscheidung. Er schloss sich meiner Meinung an. Nun wurden weitere Änderungen geäußert. Insgesamt wollten sieben Teilnehmer keine Entscheidung fällen.

Elfriede war einverstanden und wollte die Reisen mit einem verbindlichen Preis in einigen Tagen anbieten.

Mitte September fuhren 16 Mitglieder unserer Hausgemeinschaft nach Norderney. Die Fahrt nach Passau wurde auf das nächste Jahr verlegt. Elfriede und ihr Vorbereitungsteam hatten vor Ort für Programm gesorgt und damit erheblich zum Erfolg der Reise beigetragen.

Erweiterungsbau

Für mich standen einige Termine wegen des Erweiterungsbaus an. Ich hatte dem Vermieter zugesagt, dass ich federführend für unsere „aktive Hausgemeinschaft" bei der Planung tätig sein würde.

Nun lag der erste Entwurf des Architekten vor. Dieser schlug vor, das neue Gebäude im 90-Grad-Winkel zum bestehenden Gebäude anzubauen. Der Zuschnitt des Nachbargrundstücks ließ dies zu.

Für die Autos der zusätzlichen Bewohner sollten seitlich vor dem Haus Parkplätze eingerichtet werden. Die verbleibende Straßenfront sollte mit einer Mauer und einem Zugangstor abgeteilt werden.

Da unser Treppenaufbau links war, sollte dieser genutzt werden. Am anderen Gebäudeende sollte wie bei uns ein weiterer Treppenaufgang aus feuerschutztechnischen Gründen gebaut werden.

Unser Gemeinschaftsraum sollte in den Neubau hinein vergrößert werden. Ich schlug vor, die Möglichkeit einer Teilung vorzusehen, sodass auch zwei Interessengruppen zur gleichen Zeit aktiv sein konnten.

Im Keller sollte Platz für unseren Shop geschaffen werden, für den wir bisher den Keller von Karl-Heinz benutzten, der Wäscheraum entsprechend vergrößert bzw. neu geschaffen werden. Unser bisheriger Wäscheraum sollte als Erweiterung der Haustechnik zugeschlagen werden.

Eine Erweiterung unserer Heizung sollte beide Gebäude mit Wärme versorgen. Warmwasser sollte, wie bisher, über elektrische Durchlauferhitzer in jeder Wohnung zur Verfügung stehen. Über die Nutzung von Sonnenenergie wurde diskutiert. Allerdings wäre eine effektive Nutzung nur zulasten unseres Dachgartens möglich gewesen. Ob durch die Winkelbebauung eine Grünfläche zu ebener Erde geschaffen werden konnte, hing davon ab, wie viele Stellplätze benötigt wurden. Bei der hohen Anzahl kleiner Wohnungen mussten auch entsprechend viele Autos auf dem Grundstück abgestellt werden können. Hier prüfte auch die Baugenehmigungsbehörde, ob die Rechtsvorschriften eingehalten wurden.

Unser elektronisches Notrufsystem sollte auch in den neuen Wohnungen installiert werden. Dazu sollte ich mich mit dem technischen Planungsbüro in Verbindung setzen. Mein Wunsch auf eine weitere Verbesserung sollte realisiert werden.

Bisher war es doch bei uns so gewesen, dass wenn der Notruf ausgelöst wurde, eine Öffnung der Wohnungstür mit dem Zweitschlüssel erfolgen musste, wenn dies nicht mehr durch den Wohnungsinhaber erfolgen konnte. Die Zweitschlüssel waren sicher aufbewahrt und der Zugriff nur durch ein Mitglied des Leitungsteams möglich. Dies war jedoch mit einem Zeitaufwand verbunden, der die dringende Hilfe verzögerte. Hinzu kam, dass wenn die Wohnungstür von innen zusätzlich verschlossen war und auch noch der Schlüssel von innen steckte, auch der Zweitschlüssel nicht genutzt werden konnte.

Schon vor Monaten hatte ich mit dem Lieferanten unseres Notrufsystems eine Lösung für dieses Problem gefunden.

Nach Auslösung des Notrufs wird nach zwei bis zehn Minuten – die gewünschte Zeit kann exakt eingestellt werden – die Wohnungstür elektrisch entriegelt und man kann die Tür einfach aufdrücken. Dafür werden handelsübliche elektrische Türöffner für beide Schließer in den Türrahmen eingebaut. Ist aus Sicherheitsgründen die Wohnungstür zusätzlich abgeschlossen, so wird diese Sperre bei Auslösung innerhalb der eingestellten Zeit aufgehoben. Die Zeit von der Auslösung des Notrufs bis zur Türöffnung kann, wie bereits erwähnt, zwischen zwei bis zehn Minuten eingestellt werden. Das Steuerungsmodul wird im Schnellwahl- und Notrufmodul eingebaut und nimmt keinen zusätzlichen Platz in Anspruch. Die Verbindung zur Tür erfolgt mittels Schwachstromkabel. Den Strom liefert die installierte Türklingelanlage.

In meiner Wohnung habe ich den neuen Zusatz zum Notruf getestet. Der Umbau unserer vorhandenen Notrufeinrichtung war elektronisch leicht durchzuführen. Da ich über zwei Schnellwahl- und Notfallmodule zur Reserve verfügte, konnten in kurzer Zeit alle Geräte beim Hersteller umgerüstet werden. Die Kosten für die zusätzliche Ausrüstung lagen bei 55 Euro inklusive Versandkosten, allerdings waren der Umbau der Wohnungstüren und die Verlegung der elektrischen Leitungen nicht so einfach und kostengünstig zu verwirklichen. Hier musste mit Kosten zwischen 300 und 400 Euro pro Wohnung gerechnet werden. Die Verlegung der elektrischen Leitungen zur Tür war mit weiteren Renovierungskosten verbunden.

Für den geplanten Neubau reduzierten sich diese Kosten erheblich, da z.B. der Einbau der elektrischen Öffner schon bei der Herstellung der Türen erfolgen konnte. In der Wohnung, die Erika bezogen hat, habe ich vor der Renovierung die elektrischen Leitungen verlegen lassen. Es war nur ein Aufwand von zwei Stunden gewesen. Die Maler haben die entstandenen Schlitze wieder geschlossen und die Raufasertapete ausgewechselt.

Da wir als „aktive Hausgemeinschaft" die Hausverwaltung übernommen hatten, konnten wir nach und nach die notwendigen Voraussetzungen zur weiteren Verbesserung unseres Notrufsystems schaffen.

Hier sei noch einmal erwähnt, dass uns, wenn wir an einem Notrufsystem eines Dienstleisters angeschlossen wären, Kosten von 18 bis 45 Euro pro Monat und Wohnung entstehen würden. Bei den niedrigen Kosten von 18 bis 25 Euro entfällt der Schlüsseldienst. Mit Schlüsseldienst – d.h., ein Mitarbeiter macht sich nach Auslösung des Notrufs mit dem Schlüssel auf den Weg – entstehen Kosten von mindestens 40 Euro. Diese fremde Dienstleistung wäre darüber hinaus nicht so effektiv, weil alle Anbieter mit dem Zweitschlüssel arbeiten und erst von außerhalb anreisen müssen.

Apotheker

Es war mal wieder Mittwoch und der Großeinkauf durch Willi und Klaus zum Abschluss gebracht. Wir saßen danach noch in lockerer Runde zusammen. Karl-Heinz, unser Shopverwalter, hatte von mir erfahren, dass er im Rahmen des Erweiterungsbaus mehr Fläche für seinen Shop zur Verfügung haben würde. Nun plante er und überlegte, ob er sein Sortiment erweitern könnte. Sicherlich würden auch die Preise sinken, wenn er größere Mengen kaufen konnte – und dies war bei einer größeren Lagerkapazität möglich.

Erika, die inzwischen zur Hausgemeinschaft gehörte, fragte nach Möglichkeiten für weitere Sammeleinkäufe. Auf unsere Nachfrage sprach sie die Beschaffung von Arzneimitteln an. Da wir ja alle nicht ganz ohne Medikamente sein können, mussten wir einen Apotheker finden, der uns Vergünstigungen gewährte, wenn unsere Hausgemeinschaft ihn berücksichtigte. Da die meisten unserer Medikamente von den Krankenkassen bezahlt werden, brachten uns hier Rabatte keinen Vorteil. Es musste ein anderer Weg zu einer Vergütung gefunden werden.

Willi und Klaus, die übrigens gut mit Erika können, machten ihr deutlich, dass sie ihre Idee auch umsetzen sollte. Wir, die noch Anwesenden, stimmten zu. Else gab noch den Hinweis, dass die Berücksichtigung einer Apotheke für unsere Mitbewohner freiwillig sei, aber sie betonte, dass wir uns bisher immer alle beteiligt hätten.

Karl-Heinz bestätigte dies und berichtete über seine Anfänge mit dem Shop.

Zum Jahresende, so kann ich jetzt schon vorweggreifen, lieferte uns unser Apotheker die Putzmittel für die Reinigung unserer Gemeinschaftsflächen. Später kamen noch Tee und Kaffee für die Bewirtschaftung in unserem Gemeinschaftsraum dazu.

Von uns bekommt der Apotheker alle Rezepte und wir kaufen auch rezeptfreie Mittel bei ihm. Ist ein Medikament nicht sofort verfügbar, so wird es gebracht. Selbst an Sonn- und Feiertagen können wir unseren Apotheker für Notfälle erreichen.

Das war Erikas Einstand in unsere Hausgemeinschaft. Später, nach dem Tod ihres Mannes, half sie Helmut bei der Hausverwaltung. Aber dazu später mehr.

Es war mal wieder Mittwoch und ich freute mich auf meine Wohnung.

Neue Bewohner

An einem Abend im Januar brachte unser Apotheker noch Medikamente. Ich stand gerade im Hauseingangsbereich an unserem „Schwarzen Brett" und so kamen wir ins Gespräch. Die von Erika organisierte Zusammenarbeit war wenige Wochen alt. Ich merkte, dass sich unser Apotheker für unsere „aktive Hausgemeinschaft" interessierte und machte mit ihm einen Hausrundgang.

Nachdem wir unsere Gemeinschaftseinrichtungen besichtigt hatten, sprach ich auch über die Erweiterungspläne. Dabei wurde auch das Thema „geeignete Mieter" angesprochen. Unser Apotheker machte daraufhin einen Vorschlag. Er wollte in seiner Apotheke infrage kommende Kunden auf unsere Hausgemeinschaft aufmerksam machen. Wir sollten einige wichtige Informationen in einem Flyer (Faltblatt) zusammenstellen, den er dann zur Information nutzen wollte. Weiter schlug er vor, die uns bekannten Hausärzte ebenfalls zu informieren. Die wiederum könnten gezielt infrage kommende Patienten informieren. Wir verabschiedeten uns und vereinbarten, in Kontakt zu bleiben.

Wenn ich schreibe „unser" Apotheker, so ist dies inzwischen wörtlich zu nehmen. Er gehört zu unserem Netzwerk und unsere Partnerschaft ist nicht nur geschäftlich. Eine ähnliche Entwicklung machten wir bei der ärztlichen Versorgung.

Unser Zahnarzt praktiziert nur wenige Straßen weiter. Nach zwei Jahren „aktiver Hausgemeinschaft" war er „unser" Zahnarzt, denn unsere gesamte Hausgemeinschaft lässt sich inzwischen von ihm behandeln.

Praktische Ärzte haben wir noch drei. Der größte Teil unserer Hausgemeinschaft wird von unserer Frau Doktor behandelt. Wenn sie im Haus ist, können alle Bewohner sie ansprechen und um Rat oder Hilfe bitten. Ein Kollege von ihr, auch mein Hausarzt, arbeitet inzwischen mit Frau Doktor zusammen. Sie vertreten sich gegenseitig. Der dritte Arzt ist erst nach der Erweiterung unserer Hausgemeinschaft ins Haus gekommen, zeigt aber auch Interesse an einer Zusammenarbeit mit den anderen Ärzten.

Über unseren Arzt wurde uns auch eine ausgebildete Krankenschwester als Mieterin vermittelt, aber dazu später mehr.

Nun mussten wir erst einmal einen Flyer über unsere „aktive Hausgemeinschaft" erstellen. Dies war eine Aufgabe für unser Leitungsteam. Nach 14 Tagen war der Entwurf fertig. Eine Woche später bekam unser Apotheker die ersten Exemplare.

Während der Erstellung unseres Flyers stellte sich heraus, dass wir viele Informationen hatten, die für Interessierte wichtig waren. Wir beschlossen, neben der Kurzinformation (Flyer) eine weitere ausführliche Informationsmappe zu erstellen. In dieser Informationsmappe sollten z.B. auch ein Mustermietvertrag und unsere Vereinssatzung untergebracht werden. Bei den vorbereitenden Arbeiten fasste ich den Beschluss, mehr über unsere „aktive Hausgemeinschaft" zu schreiben. Inzwischen bin ich schon ein ganzes Stück weiter mit den Informationen.

Das aufgeklappte Faltblatt ist auf den folgenden Seiten abgebildet:

Freizeit

Zwanglose Treffen zum Klönen
Spielen: Musik / Karten /
Tanzen / Gymnastik
Hobbys: Kochen und Backen /
Basteln / Computer /Sport /
Wandern / Textilgestaltung
Kultur: Theater / Konzerte /
Kino / Literatur

Hilfe

Einkaufen: Zentraler Einkauf
Getränke / Großeinkauf /Mitbrin-
gen / Bringedienst organisieren
Reparaturen:
Telefonkette:
Krankheit: Betreuung / Versorgung mit Medikamenten / Organisation der Pflege / Organnisa-
tion der Haushaltsführung

Kommunikation
über Telefonkette
Besuche:
**Treffen im Gemein-
schafstraum / Dachgarten:**
Exkursionen:

Dienste
**Organisation der
Putzdienste:**
Gemeinschaftsflächen /
Privater Bereich
Wäsche:
Verpflegung:
Carsharing:

Dienste
Organisation der Putzdienste:
Gemeinschaftsflächen / Privater
Bereich
Wäsche:
Verpflegung:
Carsharing:

Interesse
**Am Leben in einer Gemeinschaft,
gemeinsame Unternehmungen,
Kenntnisse über die Interessen
der Mitbewohner**

Nachbarschaft
Besondere Anlässe feiern: Feiertage,
Geburtstage, Karneval u.a.
Anteilnahme: Trauer / Probleme
Konfliktbewältigung:

Wir
sind 19 Frauen
und 7 Männer über
60 Jahre und wohnen
in 17 Wohnungen in der
Hansastraße.

Wir sind aktiv und helfen
uns gegenseitig mit
unseren Fähigkeiten
und Erfahrungen.

Wir sind
die

Aktive
Hausgemeinschaft
Hansastraße

Helmut, unser Computerspezialist, hatte Mitte Oktober alle Vorbereitungen für die Übernahme der gesamten Hausverwaltung abgeschlossen. Ab Januar gingen alle Mieten auf ein von uns verwaltetes Bankkonto. Alle Rechnungen, die unsere Immobilie betrafen, wurden von diesem Konto beglichen. Die Abrechnung der Kosten für Wärme, Wasser, Müllabfuhr, Grundsteuer, Versicherung – kurz: alle Nebenkosten – konnte Helmut über den Computer abwickeln.

Bisher hatte eine externe Hausverwaltung die Berechnungen vorgenommen und den einzelnen Mietparteien in Rechnung gestellt. Einige Leistungen, die zu den Nebenkosten zählen, hatte unsere Hausgemeinschaft aber schon beim Einzug in eigener Regie übernommen, so z.B. die Pflege der Gemeinschaftseinrichtungen, Wartungsarbeiten für die Energieversorgung und den Aufzug sowie kleinere Reparaturen. Darüber hinaus wurden alle Arbeiten für unsere Hausgemeinschaft geldwert anerkannt und dokumentiert.

Bisher hatten wir auf eine Verrechnung des persönlichen Aufwands für die Hausgemeinschaft verzichtet. Nun drängte Helmut auf eine Verrechnung wie ursprünglich beschlossen, da einige Bewohner kein Guthaben erzielt hatten. Eine monatliche Abschlagszahlung hatten wir alle getätigt. Aber nur Sachkosten und Lohnkosten für nicht zur Hausgemeinschaft gehörende Dienstleister, z.B. unsere Putzfrauen und der Fensterputzer, waren ausgezahlt worden.

Ursprünglich waren die Kosten für die Reinigung der Gemeinschaftsflächen – Treppenhaus, Flure, Dachgarten, Gemeinschaftsraum mit Küche und Toiletten usw. – mal von der bisher tätigen Hausverwaltung mit 1.200 Euro monatlich veranschlagt worden. Diese Kosten hatten wir dadurch erheblich reduziert, dass wir diese Arbeiten in eigener Regie als Hausgemeinschaft erledigten. Somit wurden alle Mieter entlastet.

Aber Helmut stellte nach zwei Jahren fest, dass nicht alle Mieter gleichmäßig, einige sogar gar nicht an dieser Entlastung mitgewirkt hatten.

Durch meine Überwachung der Technik wurden Wartungskosten für den Aufzug, die Heizung und Notrufanlage erheblich reduziert. Helmut machte die Abrechnungen für unsere Putzfrauen und somit war deren Einsatz günstiger als bei einem Reinigungsunternehmen. Ella sorgte für Ordnung in der Küche des Gemeinschaftsraumes. Marthas Einsatzort war unser Gemeinschaftsraum. Sie stellte die Stühle ein Mal die Woche so, dass unsere Putzfrauen ohne Hindernisse den Boden reinigen konnten. Staubwischen und Ordnung schaffen war ihr fast täglicher Job. Wenn Martha das nicht machen würde, müssten unsere Putzfrauen zusätzlich aktiv werden und es würden höhere Kosten entstehen.

Welche Aktivitäten durch unsere Hausgemeinschaft zur Kostenentlastung erbracht werden, habe ich auf den folgenden Seiten beschrieben. Nach Einführung der Regelung über den Ausgleich und die Gewichtung der Tätigkeiten für die Gemeinschaft hatten wir eine Probezeit vereinbart. Diese war nun mehr als überschritten. Ein weiterer wichtiger Grund für eine endgültige Lösung war die bevorstehende Erweiterung unserer Hausgemeinschaft. Im erweiterten Leitungsteam waren wir uns einig, dass es auf Dauer nicht ohne Ausgleich ging.

Die Kosten für alle Aktivitäten hatte Helmut erstellt. Diese wurden auf 23 Hausbewohner umgelegt, die von den einzelnen erbrachten Leistungen dagegengesetzt und ein Saldo errechnet. Die bereits geleisteten Abschlagszahlungen wurden abgezogen und übrig blieb ein Betrag Plus und auch Minus.
   Karl-Heinz versorgte uns über seinen Shop mit preisgünstigen Getränken. Beim von ihm vertriebenen Toilettenpapier und Waschpulver sparten wir durch den Großeinkauf erheblich. Die Arbeit von Karl-Heinz hatten wir mit 250 Euro monatlich bewertet. Dies bedeutet, dass jeder Bewohner mit 10,87 Euro durch seine Dienstleistung belastet wird. Karl-Heinz dagegen werden 250 Euro gutgeschrieben. Er wird aber auch durch andere Aktivitäten seiner Mitbewohner belastet. Nachfolgend eine Aufstellung zur Verdeutlichung:

Nebenkostenabrechnung

Wohnung		Größe qm	Personen	Heizung	Wasser	Abwasser	Beleuchtung Flure	Fahrstuhl	Müll	Straßen- reinigung	Haus- reinigung	Schornstein- reinigung	Grund- steuer	Versicherung	Gemeinschafts- einrichtung	Sonstiges
1	Martha	59	1	459,20 €	54,72 €	53,28 €	5,90 €	92,04 €	56,71 €	9,44 €	63,21 €	24,78 €	69,03 €	10,62 €	325,78 €	
2	Wilma	59	1	401,80 €	51,68 €	50,32 €	5,90 €	92,04 €	56,71 €	9,44 €	63,21 €	24,78 €	69,03 €	10,62 €	325,78 €	
3	Willi	59	1	502,20 €	62,32 €	60,68 €	5,90 €	92,04 €	56,71 €	9,44 €	63,21 €	24,78 €	69,03 €	10,62 €	325,78 €	
4	Hedwig u. Karl-Heinz	68	2	431,60 €	94,24 €	76,96 €	6,80 €	106,08 €	86,92 €	10,88 €	96,92 €	28,56 €	79,56 €	12,24 €	496,56 €	
5	Trude u. Helmut	68	2	462,40 €	95,76 €	93,24 €	6,80 €	106,08 €	86,92 €	10,88 €	96,92 €	28,56 €	79,56 €	12,24 €	496,56 €	
6	Else	59	1	424,80 €	59,28 €	57,72 €	5,90 €	92,04 €	56,71 €	9,44 €	63,21 €	24,78 €	69,03 €	10,62 €	325,78 €	
7	Lore	59	1	418,90 €	53,20 €	51,80 €	5,90 €	92,04 €	56,71 €	9,44 €	63,21 €	24,78 €	69,03 €	10,62 €	325,78 €	
8	Erika	59	1	401,20 €	65,36 €	63,64 €	5,90 €	92,04 €	56,71 €	9,44 €	63,21 €	24,78 €	69,03 €	10,62 €	325,78 €	
9	Marie u. Klaus	68	2	435,20 €	97,28 €	68,08 €	6,80 €	106,08 €	86,92 €	10,88 €	96,92 €	28,56 €	79,56 €	12,24 €	496,56 €	
10	Elfriede u. Josefa	82	2	623,20 €	132,24 €	128,76 €	8,20 €	127,92 €	94,34 €	13,12 €	105,18 €	34,44 €	95,94 €	14,76 €	539,96 €	
11	Lotte	59	1	430,70 €	63,84 €	62,16 €	5,90 €	92,04 €	56,71 €	9,44 €	63,21 €	24,78 €	69,03 €	10,62 €	325,78 €	
12	Wilhelm	59	1	389,40 €	50,16 €	48,84 €	5,90 €	92,04 €	56,71 €	9,44 €	63,21 €	24,78 €	69,03 €	10,62 €	325,78 €	
13	Ella	59	1	430,70 €	59,28 €	57,72 €	5,90 €	92,04 €	56,71 €	9,44 €	63,21 €	24,78 €	69,03 €	10,62 €	325,78 €	
14	Hanna u. Georg	68	2	503,20 €	114,00 €	111,00 €	6,80 €	106,08 €	86,92 €	10,88 €	96,92 €	28,56 €	79,56 €	12,24 €	496,56 €	
15	Karin u. Gerda	68	2	537,20 €	126,16 €	122,84 €	6,80 €	106,08 €	86,92 €	10,88 €	96,92 €	28,56 €	79,56 €	12,24 €	496,56 €	
16	Ursula	59	1	442,50 €	57,76 €	54,76 €	5,90 €	92,04 €	56,71 €	9,44 €	63,21 €	24,78 €	69,03 €	10,62 €	325,78 €	
17	Monika	59	1	436,60 €	54,72 €	53,28 €	5,90 €	92,04 €	56,71 €	9,44 €	63,21 €	24,78 €	69,03 €	10,62 €	325,78 €	
18	Otto	59	1	389,40 €	57,76 €	56,24 €	5,90 €	92,04 €	56,71 €	9,44 €	63,21 €	24,78 €	69,03 €	10,62 €	325,78 €	
19	Hans	68	1	469,20 €	66,88 €	65,12 €	6,80 €	106,08 €	86,92 €	10,88 €	96,92 €	28,56 €	79,56 €	12,24 €	353,68 €	
		1198													7.285,80 €	
20	Gemeinschaftsraum	82	26	0,00 €	110,20 €	107,30 €			142,34 €	13,12 €	780,00 €	34,14 €	95,94 €	14,76 €		

Carsharing

Erika besuchte regelmäßig, fast täglich, ihren Mann im Pflegeheim. Das waren hin und zurück 26 Kilometer. Erika benutzte für die Fahrt ihr über zehn Jahre altes Auto, denn mit öffentlichen Verkehrsmitteln war das Pflegeheim nur mit einem hohen Zeitaufwand zu erreichen.

An einem regnerischen Herbsttag – Erikas Auto war für eine dringend erforderliche Reparatur in einer Werkstatt – wollte Erika diesen zeitaufwendigen Weg mit öffentlichen Verkehrsmitteln antreten. Wir trafen uns zufällig im Treppenhaus, ich bot Erika spontan meine Hilfe an und gab ihr meine Autoschlüssel. Erika war sichtlich überrascht und zögerte. Ich gab ihr weiterhin die Wagenpapiere und betonte, dass ein solcher Dienst unter Freunden möglich sein müsste. Erika nahm an und brachte am späten Nachmittag Papiere und Schlüssel zurück – ein Grund für einen Plausch bei Kaffee und Keksen.

Erika berichtete über den Zustand ihres Mannes und das Problem mit ihrem Auto. Sie war nur voll des Lobes über mein noch nicht zwei Jahre altes Auto. Und plötzlich war sie da, die Idee: „ein Auto für mehrere Nutzer".

Eigentlich brauchen wir unsere Autos nur selten, lange nicht mehr so häufig wie zu Zeiten der Berufstätigkeit. Ich nutze für weite Strecken auch gerne die Bahn. Erika brauchte ihr Auto für die Besuche bei ihrem Mann und ihrer Familie. Ein neues Auto anzuschaffen wäre nicht wirtschaftlich gewesen. Erikas altes Auto kostete in der letzten Zeit wegen der notwendigen Verschleißreparaturen zunehmend mehr. Eine Lösung musste gefunden werden.

Wir kamen überein, dass an Erikas Auto keine größeren Reparaturen mehr durchgeführt werden sollten. Falls Erikas Auto ausfiel, sollte sie mein Auto gegen Kostenbeteiligung nutzen.

Wir beendeten unseren Kaffeeplausch mit dem Vorsatz, uns über die Möglichkeiten des sogenannten Carsharings zu informieren.

Ich kann schon jetzt verraten, dass hiermit eine weitere Dienstleistung für unsere „aktive Hausgemeinschaft" geboren war.

Wenige Wochen später fragte mich Else, was denn aus dem gemeinsamen Auto geworden wäre? Erika hatte sie informiert und für die Idee geworben. Else sagte, dass sie grundsätzlich interessiert sei, vor allem, wenn dadurch Einsparungen möglich wären. Sie schlug weiter vor, die Sache im Leitungsteam zu erörtern.

Nun musste ich mich aber genauer informieren und nutzte dazu das Internet. Carsharing kommt aus den USA und ist inzwischen auch bei uns weit verbreitet. Es gibt Firmen, die Fahrzeuge für die zeitweise Nutzung zur Verfügung stellen. Man meldet den Bedarf an und kann zur gewünschten Zeit über das Auto verfügen. Nach Nutzung wird das Auto wieder an dem vereinbarten Ort zurückgegeben. Durch eine landesweite Vernetzung kann das Auto auch nur für eine Hinfahrt genutzt werden, d.h., es muss nicht am Startort zurückgegeben werden. Das Nutzungsentgelt umfasst neben allen Kosten auch einen Überschuss.

Neben diesem kommerziellen Carsharing hat sich auch ein privates Carsharing entwickelt. Hier nutzt ein kleiner untereinander bekannter Personenkreis das Auto gemeinsam. Man nennt dieses Konzept auch „nachbarschaftliches Autoteilen" oder „Peer-to-Peer-Carsharing".

Der Verkehrsclub Deutschland unterstützt dieses Modell und bietet einen Nachbarschaftsauto-Vertrag an. Ein wichtiger Punkt beim Carsharing ist die Versicherung für Schadensfälle. Die normale Kfz-Versicherung übernimmt keine Haftpflicht- und Kaskoschäden, wenn das Auto gegen Entgelt einer oder mehreren Personen überlassen wird, die nicht zum versicherten Fahrerkreis gehören. Eine normale Versicherung kann im Schadensfall die Leistung verweigern bzw. Regress fordern, wenn gegen die Vereinbarungen verstoßen wurde. Weiter wird das Risiko größer, sodass sich die Schadensfreiheitsklasse des Halters verschlechtert und die Versicherungsprämie ansteigt.

Von einigen Versicherungsanbietern wird eine spezielle Haftpflicht-, Teil- und Vollkaskoversicherung angeboten. Bei dieser Carsharing-Versicherung tragen der Fahrzeughalter und die Carsharing-Fahrer im Schadensfall die Selbstbeteiligung, der Fahrer dabei in der Regel den größeren Anteil.

Eine weitere Möglichkeit für das Carsharing ist die sogenannte On-Top-Versicherung. Zusätzlich zu den Fahrzeugkosten zahlt jeder Fahrer einen Betrag für diese Versicherung, während die alte Versicherung des Halters bestehen bleibt. Diese Zusatzversicherung übernimmt die sogenannten Kaskoschäden und beteiligt sich im Schadensfall an einer Beitragserhöhung der alten Versicherung, die im Übrigen die Schäden eines Dritten abdeckt. Stehen alle Nutzer (Fahrer) auf Dauer fest, so kann im Versicherungsvertrag auch der Fahrerkreis für das versicherte Fahrzeug festgelegt werden. Dann tragen alle am Carsharing beteiligten Nutzer die Kosten. Nach Rücksprache mit meiner Versicherung können auch die Schadensfreiheitsrabatte übertragen werden. Dies ist aber keine allgemein gültige Regelung, sondern muss vereinbart werden.

Beim kommerziellen Carsharing wird die Nutzung eines Autos nach Dauer und Kilometerleistung berechnet. Die Kosten für die Nutzungsdauer fangen bei 2 Euro pro Stunde an und können bis auf 6 Euro steigen. Nachts sind die Nutzungsgebühren niedriger. Bei einer Kilometerleistung unter 100 Kilometer beginnen die Kosten bei 0,56 Euro und steigen bei größeren Fahrzeugen bis auf 1 Euro. Bei höheren Kilometerleistungen (über 100) halbieren sich die Kosten.

Beim sogenannten „nachbarschaftlichen Autoteilen", wie wir es beabsichtigten, muss geklärt werden, wer das Auto stellt bzw. wie die Anschaffungskosten getragen werden.

Die Möglichkeiten des „Privat-Leasings" habe ich ebenfalls geprüft. Aber auch hier muss die Halterfrage geklärt werden. Eine GBR wäre möglich, dann könnten mehrere Personen Halter sein. Ein Auto zu leasen fängt bei laufenden Kosten von monatlich 60 Euro an und steigen je nach Fahrzeug.

Für einen Golf-Kombi, so meine Recherche, würden 58 Euro für 10.000 Kilometer jährlich fällig. Der Vertrag gilt 36 Monate und es müsste eine Mietsonderzahlung von 3.800 Euro (20 %) gezahlt werden.

Mein Volkswagen Touran würde 75 Euro monatlich und 20 % einmalige Zahlung kosten.

Vor unserer Sitzung des Leitungsteams wollte ich noch mit Erika sprechen und rief sie an. Prompt lud sie mich zu Kaffee und Plätzchen ein und wir diskutierten über das Carsharing.

Erika war für eine eigene Lösung, das bedeutete, wir schafften das Auto an und legten die Kosten entsprechend um. Erika war bereit, sich an den Anschaffungskosten zu beteiligen. Sie rechnete mir vor, dass eine Verzinsung von 2,5 % dieser Kapitalanlage für sie akzeptabel und durchaus zu erwirtschaften sei. Die Teilung eines Autos, so ihre Auffassung, brächte generell schon Vorteile für die Beteiligten, sodass die Nutzungsgebühren ruhig wirtschaftlich sein könnten.

Was Leasingfirmen könnten, das könnten wir auch. Das Geld könnten wir auch für uns nutzen.

Weiter schlug sie vor, dass ich mein Auto, es war ja noch keine zwei Jahre alt, doch zum Zeitwert einbringen sollte.

Am nächsten Tag kamen wir im Leitungsteam zusammen und nach dem Austausch von Neuigkeiten wurde das Thema „Carsharing" von Else angesprochen. Ich berichtete über das Entstehen der Idee und meine Recherche. Helmut, das dritte Mitglied im Leitungsteam, zeigte sofort Interesse und schlug vor, die Sache mit der Hausgemeinschaft zu erörtern. Es sollte abgeklärt werden, wer noch Interesse an der gemeinsamen Nutzung eines Autos habe.

Da wir im Leitungsteam mit Aufgaben für die Hausgemeinschaft gut ausgelastet waren, kamen wir überein, Erika mit der Organisation des Carsharings zu beauftragen. Else überbrachte Erika telefonisch unseren Vorschlag und diese sagte sofort zu.

Nun wurde gerechnet. Nachfolgend eine Tabelle mit den Ergebnissen:

<table>
<tr><td colspan="3" align="center"><h2>Carsharing</h2></td></tr>
<tr><td>Pos.</td><td colspan="2">Beschaffungskosten 25.000,-- €</td></tr>
<tr><td>1</td><td>Eigenkapital 2,5 %</td><td align="right">625,-- €</td></tr>
<tr><td>2</td><td>Leasing * siehe Begrenzung</td><td align="right">1.192,-- + 200,-- €</td></tr>
<tr><td>3</td><td>Fremdfinanzierung 4 % Zinsen</td><td align="right">1.000,-- €</td></tr>
<tr><td>4</td><td>Abschreibungen</td><td></td></tr>
<tr><td></td><td>1. Jahr 20 %</td><td align="right">5.000,-- €</td></tr>
<tr><td></td><td>2. – 4. Jahr je 10 %</td><td align="right">2.500,-- €</td></tr>
<tr><td></td><td>5. Jahr 8 %</td><td align="right">2.000,-- €</td></tr>
<tr><td>5</td><td>Wiederverkaufswert</td><td align="right">10.500,-- €</td></tr>
<tr><td>6</td><td>monatlicher Aufwand mit Pos. 1</td><td align="right">293,67 €</td></tr>
<tr><td>7</td><td>monatlicher Aufwand mit Pos. 2
für 3 Jahre</td><td align="right">254,83 €</td></tr>
<tr><td>8</td><td>monatlicher Aufwand mit Pos. 2
für 5 Jahre</td><td align="right">424,72 €</td></tr>
<tr><td>9</td><td>monatlicher Aufwand mit Pos. 3</td><td align="right">325,-- €</td></tr>
</table>

*Leasing nur für 3 Jahre, 10.000 km und einer Sonderzahlung von 5.000,-- €

Pos.	Betriebskosten	Jahr	Monat
10	Steuern	102,-- €	8,50 €
11	Versicherung 100 %	774,-- €	64,50 €
12	Vollkasko 100 % **	682,-- €	56,84 €
13	Wartung ***	168,-- €	14,-- €
14	Reparaturen ***	168,-- €	14,-- €
15	Reifenersatz ***	132,-- €	11,-- €
16	Garage	360,-- €	30,-- €
17	Versicherung 50 %	387,-- €	32,25 €
18	Vollkasko 50 %	341,-- €	28,42 €
19	Summe Pos. 10–16	2.386,-- €	198,84 €
20	Summe Pos. 10+13–18	1.658,-- €	138,17 €

** bei 500,-- € Selbstbeteiligung und 100 %
*** laut ADAC

Carsharing (Fortsetzung)		
Pos.	**Nutzungskosten**	
21	Wertverlust pro Jahr	3.524,-- €
22	Wertverlust pro Monat	293,67 €
23	Wertverlust pro Kilometer	0,35 €
24	Wertverlust pro Stunde bei einer Nutzung von 1.175 Std.	3,-- €
25	Betriebskosten pro Jahr Pos. 19	2.386,-- €
26	Betriebskosten pro Monat	189,84 €
27	Betriebskosten pro km Pos. 19	0,24 €
28	Betriebskosten pro Jahr Pos. 20	1.658,-- €
29	Betriebskosten pro Monat	138,17 €
30	Betriebskosten pro km Pos. 20	0,17 €
31	Benzin pro km	0,15 €
32	Öl pro km	0,02 €
33	Verwaltung pro km	0,05 €

Pos.	**Nutzungsgebühren**	
34	nur km nach Pos. 19	0,83 €
35	nur km nach Pos. 20	0,74 €
36	Nutzung Stunde und km Pos. 19	1,-- € / 0,71 €
37	Nutzung Stunde und km Pos. 20	1,-- € / 0,64 €
38	Nutzung Stunde und km Pos. 19	1,50 € / 0,66 €
39	Nutzung Stunde und km Pos. 20	1,50 € / 0,59 €
40	Nutzung Stunde und km Pos. 19	2,-- € / 0,62 €
41	Nutzung Stunde und km Pos. 20	2,-- € / 0,55 €
42	Nutzung Stunde und km Pos. 19	2,50 € / 0,57 €
43	Nutzung Stunde und km Pos. 20	2,50 € / 0,50 €

Pos. 19 = 100 % Versicherung und Vollkasko
Pos. 20 = 50 % Versicherung und Vollkasko

Wie schon berichtet, übernahm unsere Hausgemeinschaft zum Jahreswechsel die Hausverwaltung von einer externen Verwaltung. Helmut, unser Computerspezialist, hatte sich mithilfe von Computerprogrammen darauf vorbereitet, die Mietzahlungen zu überwachen, die laufenden Kosten zu begleichen und dann die jährlich fällige Nebenkostenrechnung für die einzelnen Wohnungen zu erstellen.

Jede Wohnung hat einen Wasserzähler, sodass der Wasserverbrauch abgelesen und die Kosten errechnet werden können. Warmwasser wird in jeder Wohnung mit einem elektrischen Durchlauferhitzer erzeugt und die Stromkosten werden durch den jeweiligen Mieter direkt getragen. Die Wärme wird zentral für das gesamte Haus erzeugt und die Berechnung der Kosten erfolgt nach dem gemessenen Wärmeverbrauch (70 %) und der Größe der Wohnfläche (30 %).

Gemessen wurde der Verbrauch über sogenannte Röhrchenverdunster, die an jedem Heizkörper angebracht waren. Eine Spezialfirma stellte ein Mal im Jahr fest, wie viel Flüssigkeit in dem jeweiligen Röhrchen verbraucht wurde, und las auch die Wasserzähler ab. Die Firma errechnete nach dem erfassten Verbrauch die Kosten für jede Wohnung und gab die Daten an die externe Hausverwaltung weiter. Diese Spezialfirma hatte der alten Hausverwaltung noch vorgeschlagen, das Messverfahren für die Wärme auf elektronische Messung umzustellen.

Das neu entwickelte elektronische Verfahren ist genauer, weil es nur die vom Heizkörper abgegebene Wärme berücksichtigt und andere Wärmeeinflüsse, wie z.B. Sonneneinstrahlung und andere im Raum entstandene Wärme, nicht registriert. Diese Fremdwärme nimmt nämlich Einfluss auf die Verdunstung der Röhrchenverdunster. Hinzu kommt, dass der Verbrauch anhand der verbrauchten Flüssigkeit errechnet werden muss. Auch der Austausch der Röhrchen nach dem Ablesen entfällt.

Die elektronischen Erfassungsgeräte können bis zu zehn Jahre genutzt werden. Unser Vermieter hatte keine Entscheidung mehr bezüglich der Umwandlung getroffen und damit mussten wir im Leitungsteam darüber entscheiden.

Ich informierte mich und stellte fest, dass durch die Umstellung auf elektronische Wärmemessung auch Kosten gespart werden konnten. So können wir die Abrechnung jetzt in eigener Regie vornehmen und damit pro Wohnung bis zu 30 Euro Ablesekosten sparen. Auch eine Verbrauchskontrolle durch die Mieter ist möglich.

Führt z.B. eine Zimmertemperatur von 22 Grad über fünf Stunden zu einer Erhöhung der Verbrauchsanzeige um acht Einheiten, so sinkt der Verbrauch bei einer Zimmertemperatur von 21 Grad über den gleichen Zeitraum auf fünf Einheiten. Bei Absenken der Raumtemperatur um ein Grad können jährlich 6 % der Heizkosten gespart werden. Die Umstellung auf elektronische Wärmemessung würde 15 Euro pro Heizkörper kosten, eine Investition für zehn Jahre, also 1,50 Euro pro Jahr.

Bei der bisherigen Messung durch Röhrchenverdunster wurden pro Heizkörper 6,50 Euro berechnet, und zwar für jede Abrechnung, also pro Jahr.

Ich recherchierte weiter und stieß auf die Möglichkeit der Wärmemessung für die gesamte Wohnung über eine Messung, die allerdings nur möglich ist, wenn jede Wohnung mit einer separaten Zuleitung für Wärme versorgt wird und keine anderen wohnungsfremden Heizkörper angeschlossen sind. Es wird dann ein Wärmezähler in die Zuleitung zur Wohnung eingebaut, der jederzeit abgelesen und kontrolliert werden kann. Es kann auch ein Stichtag für die Jahresverbrauchsrechnung eingegeben werden, der am Stichtag automatisch den bisherigen Jahresverbrauch speichert.

Ich beschloss, diese Lösung für den geplanten Neubau vorzuschlagen. Einige Tage später stellte ich nach Sichtung der Installationspläne fest, dass diese Lösung mit Zugangswärmemessung auch in den bestehenden Wohnungen möglich war.

Vor jeder Wohnung kommen in einem vom Flur aus zugänglichen Kasten die Strom-, Wasser- und Wärmeleitungen an. Hier ist auch der Wasserzähler installiert. Die in der Wohnung befindlichen Heizkörper werden mit Wärme von diesem Kasten aus versorgt. Die Zuleitungen sind im Fußboden verlegt.

Es müsste lediglich im Versorgungskasten auf dem Flur ein Anschlussmodul für die Wärmemessung eingebaut bzw. eingelötet werden.

Das zentrale Wärmemessgerät für die Wohnung kostet 135 Euro und kann sechs Jahre im Betrieb bleiben. Dann ist laut Vorschrift eine Eichung vorgeschrieben. Das Messgerät kann aber ohne großen Aufwand ausgetauscht werden. Zum Ablesen der Daten muss die Wohnung nicht betreten werden.

Nun mussten wir im Leitungsteam eine Entscheidung vorbereiten und Rücksprache mit dem Vermieter nehmen, wenn wir einen Einbau der Zentralwärmemesser durchführen wollten. Die Umbaukosten pro Wohnung, Einlöten des Adapters, wurden mit 80 Euro veranschlagt.

Ich beschloss, mit Helmut eine Tabelle zu erstellen, um die Kosten gegenüberzustellen.

Im Rahmen des Erweiterungsbaus wurden die „zentralen Messgeräte" eingebaut. Wir, die „aktive Hausgemeinschaft", bezahlten die Messgeräte selber und der Vermieter übernahm die Einbaukosten.

Wärmemessung

Wohnung	Anzahl Heizkörper	Messung Röhrchen/Verdunster Ablesekosten	Materialkosten	digital am Heizkörper Ablesekosten	Materialkosten	zentrale Messung Ablesekosten	Materialkosten	Einrichtung *
1	6	30,-- € pro Ablesung	36,-- €	Selbstablesung	9,-- €	Selbstablesung	27,-- €	80,-- €
2	6	30,-- € pro Ablesung	36,-- €	Selbstablesung	9,-- €	Selbstablesung	27,-- €	80,-- €
3	6	30,-- € pro Ablesung	36,-- €	Selbstablesung	9,-- €	Selbstablesung	27,-- €	80,-- €
4	7	30,-- € pro Ablesung	42,-- €	Selbstablesung	10,50 €	Selbstablesung	27,-- €	80,-- €
5	7	30,-- € pro Ablesung	42,-- €	Selbstablesung	10,50 €	Selbstablesung	27,-- €	80,-- €
6	6	30,-- € pro Ablesung	36,-- €	Selbstablesung	9,-- €	Selbstablesung	27,-- €	80,-- €
7	6	30,-- € pro Ablesung	36,-- €	Selbstablesung	9,-- €	Selbstablesung	27,-- €	80,-- €
8	6	30,-- € pro Ablesung	36,-- €	Selbstablesung	9,-- €	Selbstablesung	27,-- €	80,-- €
9	7	30,-- € pro Ablesung	42,-- €	Selbstablesung	10,50 €	Selbstablesung	27,-- €	80,-- €
10	8	30,-- € pro Ablesung	48,-- €	Selbstablesung	12,-- €	Selbstablesung	27,-- €	80,-- €
11	6	30,-- € pro Ablesung	36,-- €	Selbstablesung	9,-- €	Selbstablesung	27,-- €	80,-- €
13	6	30,-- € pro Ablesung	36,-- €	Selbstablesung	9,-- €	Selbstablesung	27,-- €	80,-- €
14	7	30,-- € pro Ablesung	42,-- €	Selbstablesung	10,50 €	Selbstablesung	27,-- €	80,-- €
15	7	30,-- € pro Ablesung	42,-- €	Selbstablesung	10,50 €	Selbstablesung	27,-- €	80,-- €
16	6	30,-- € pro Ablesung	36,-- €	Selbstablesung	9,-- €	Selbstablesung	27,-- €	80,-- €
17	6	30,-- € pro Ablesung	36,-- €	Selbstablesung	9,-- €	Selbstablesung	27,-- €	80,-- €
18	6	30,-- € pro Ablesung	36,-- €	Selbstablesung	9,-- €	Selbstablesung	27,-- €	80,-- €
19	7	30,-- € pro Ablesung	42,-- €	Selbstablesung	10,50 €	Selbstablesung	27,-- €	80,-- €
	116	570,-- €	696,-- €		174,-- €		513,-- €	1.520,-- €

* einmalige Kosten, alle 5 Jahre ca. 20,-- € für die Auswechselung

Es muss beachtet werden, dass der Aufwand für das Ablesen der digitalen Messung an jedem Heizkörper erheblich aufwendiger ist als das einmalige Ablesen bei der zentralen Messung pro Wohnung. Das Verhältnis wäre 116 zu 19.

Essen auf Rädern

Als ich vor Jahren nach dem Tod meiner Frau für mich alleine zu sorgen hatte, gab es einige Herausforderungen bei der Haushaltsführung. Zwar war ich bisher nicht unbeteiligt dabei gewesen, dennoch musste ich nun Dinge übernehmen, die bisher meine Frau erledigt hatte.

Ein Bereich war die Ernährung. Ich konnte zwar ein wenig kochen, aber es war die Stärke meiner Frau gewesen, für die tägliche Verpflegung zu sorgen. Es ist ja auch nicht nur das Kochen an sich, sondern ein wichtiger Punkt sind die Zutaten. Anfangs suchte ich nach fertigen beziehungsweise Zutaten, die ich mit geringem Aufwand einsetzen konnte.

Mein Freund Franz aus dem Sauerland, mit dem ich telefonischen Kontakt hatte, gab mir dann den Tipp mit „Essen auf Rädern". Franz war ehrenamtlich bei einer karitativen Einrichtung tätig, die auch die ambulante Verpflegung durchführte.

Also erkundigte ich mich und nahm Kontakt mit einer in meinem Wohnort tätigen Organisation auf. Ein Essen zur Probe für vier Wochen war der erste Schritt. Täglich wurde mir zwischen 11 und 12 Uhr ein warmes Essen gebracht. Mir gefiel dieser Weg zunächst sehr gut. Das Essen war teilweise besser und abwechslungsreicher, als ich es produzieren konnte. Nachteilig war, dass ich täglich zu einer bestimmten Zeit anwesend sein musste. Zwar konnte ich, wenn ich mal verreist oder aus anderen Gründen nicht versorgt werden wollte, kurzfristig abbestellen, ohne dass eine Berechnung erfolgte, dennoch blieb ein Gefühl von Abhängigkeit.

Nach zwei Monaten, ich hatte die Probe verlängert, merkte ich, dass die anfängliche Freude über Abwechslung ausblieb. Bei allen Anbietern, so weiß ich heute, wiederholt sich der Speiseplan nach vier Wochen.

So entstand bei mir der Wunsch, einen eigenen Plan zu erstellen, in dem meine Lieblingsgerichte eine besondere Stellung einnehmen sollten. Ich teilte meinem Lieferanten meine Bedenken und Wünsche mit. Der reagierte darauf mit einem neuen Angebot: Ich konnte meinen Speiseplan selbst gestalten und auch flexibel täglich das Menü ändern. Zwischen 80 Menüangeboten konnte ich wählen und die von mir ausgewählten

Menüs bei mir einlagern, die Menüfolge selber zusammenstellen bzw. jeden Tag wählen, was ich aus dem Vorrat entnehmen wollte.

Allerdings musste ich die tiefgekühlten Menüs selber erwärmen. Zwei Geräte waren hierfür erforderlich: ein Tiefkühlschrank und eine Mikrowelle. Den Tiefkühlschrank hatte ich bereits und für die Erwärmung wurde mir eine besondere Mikrowelle angeboten. Zusätzlich zur Schaltuhr hatte diese eine Tastatur von 0 bis 9. Diese war nötig, um eine auf der Menüverpackung aufgedruckte Zahl einzugeben. Dieser Zahlencode programmierte die Aufwärmzeit der Mikrowelle. So war das Menü immer mundgerecht erwärmt – eine für mich gute Einrichtung.

Die von mir ausgewählten Menüs wurden ein Mal wöchentlich angeliefert. Ich hatte später immer zwischen zehn und 15 Menüs in meinem Tiefkühlschrank. Nicht jeden Tag lebte ich von diesem Vorrat, sondern nur, wenn ich zum Selberkochen keine Lust hatte. Ich nutzte auch andere Essensangebote, wenn ich in der Stadt oder überhaupt außerhalb meiner Wohnung war.

Geburtstage von Mitgliedern unserer Hausgemeinschaft sind immer ein Anlass zum Feiern. Wer Geburtstag hat, lädt – das ist inzwischen die Regel – zum Umtrunk, Imbiss, zu Kaffee und Kuchen ein.

Unsere Frauen entwickelten hier im Laufe der Zeit einen besonderen Ehrgeiz, deshalb einigten wir uns schon im zweiten Jahr unseres Zusammenwohnens auf eine Beschränkung und lassen größere Angebote nur noch zu, wenn mehrere Geburtstage gefeiert werden.

Wenige Wochen vor meinem Geburtstag bekam ich Besuch von meinem Lieferanten bzw. seinem Vertreter. Dieser bot mir einen neuen Service an und zeigte Interesse an weiteren Kunden in unserer Hausgemeinschaft. Der Hersteller meiner Menüs war inzwischen Marktführer in diesem Bereich. Nur wenige Anbieter von Essensdiensten kochten noch selber. Sie nutzen die Angebote dieses Herstellers und übernahmen nur den Service.

Mein Besucher war selbstständiger Partner dieses Herstellers und bot neben dem Lieferservice auch täglich warme Menüs für eine oder mehrere Personen an. Zusätzlich bot er nun den Service für ein Gruppenessen an. Dazu gehörte die Lieferung der Menüs serviert auf Porzellan mit Tischdecken usw.

Kurz, ich buchte für meinen Geburtstag ein Mittagessen für meine „aktive Hausgemeinschaft" zum Werbepreis von 6 Euro pro Person. Geschirr und Besteck waren in unserem Gemeinschaftsraum vorhanden, dafür bot mir mein Besucher ein Dessert für alle an. Mit diesem Angebot hielt ich die auferlegte Beschränkung für Feiern mit der Hausgemeinschaft auch ein.

Meinen Gästen teilte ich auch mit, dass meine Einladung zum Essen gesponsert und die Teilnahme unverbindlich sei.

Am Donnerstag nach meinem Geburtstag fand dann das Essen statt. Ich hatte keine Arbeit damit. Das Serviceunternehmen servierte an weiß gedeckten Tischen Rind- und Schweinefleisch mit Erbsen, Möhren, Rotkohl, Salat und Kartoffeln. Zum Nachtisch gab es rote Grütze und Vanillepudding. Vorab wurden drei Suppen zum Probieren angeboten. Der Lieferant erklärte kurz die Menüzusammensetzung und informierte über seine sonstigen Leistungen.

Nach dem Essen – alle lobten es – entstand eine Diskussion über die Versorgung mit Essen von einem Dienstleister.

Unsere Frauen waren übereinstimmend der Meinung, dass sie lieber selber kochen würden und dies auch preiswerter wäre. Allerdings gaben sie auch zu, dass sie nicht immer Lust zum Kochen bzw. zur Essenszubereitung hätten und sich, so wie heute, auch gerne mal an einen gedeckten Tisch setzten.

Es gab auch einige Mitbewohnerinnen und Bewohner, die sich sehr wohl auch eine Versorgung von außen vorstellen konnten. Bei Krankheit oder auch körperlichen Einschränkungen ist dieser Weg der Versorgung eine zusätzliche Sicherheit. Vier von ihnen wollten den gleichen Weg wie ich gehen und sich über eine Vorratshaltung ihre Versorgung sichern.

Grundsätzlich, so waren wir uns einig, trug diese angebotene Essenversorgung von außen dazu bei, unsere Unabhängigkeit zu sichern, denn dies war ja unser Hauptziel.
Abschließend kann ich noch anführen, dass meine Recherche in dieser Sache noch weitere Erkenntnisse brachte. So hat z.B.

das Bundesministerium für Ernährung verbindliche Standards
dazu herausgegeben, wie das sogenannte „Essen auf Rädern"
beschaffen sein muss und vertrieben werden darf. Eine Bro-
schüre darüber gibt es beim Ministerium oder online unter:
www.BMELV.de.

In unserer „aktiven Hausgemeinschaft" haben sich Ursula
und Lotte für diese Dienstleistung starkgemacht. Die beiden
halten Kontakt zu den Anbietern und auch anderen Lieferanten
von Tiefkühlkost. Sie geben immer wieder aktuelle Empfeh-
lungen über Angebote und Qualität. Falls Bedarf akut wird,
vermitteln sie schnellstens einen Lieferanten und sichern die
Versorgung – eine weitere Dienstleistung für unsere „aktive
Hausgemeinschaft".

Wäsche

Es gibt wohl keine Hausgemeinschaft, in der das Thema „Wäsche" nicht immer wiederkehrend aktuell ist. Waren es früher
die Waschtage und die Benutzung der Wasch- und Trocken-
räume, geht es heute um Dinge wie Waschen in der Wohnung
oder in einem gesonderten Raum mit eigener oder vom Vermieter gestellter Waschmaschine.

Bei uns wurde das Thema schon vor dem Einzug abgehan-
delt. Beim sogenannten Kennenlerntreffen wurde bereits die
Frage gestellt, wie wir unsere Wäsche waschen wollten. Ein
Waschraum war eingeplant und unser Vermieter wollte wissen,
ob er die Einrichtung zum Waschen und Trocknen stellen sollte. In den Wohnungen war ein begrenzter Platz im Bad und der
auch nur für eine Waschmaschine. Platz für einen Trockner
war nicht vorhanden.

Der Vermieter bot uns an, den vorgesehenen Waschraum im
Untergeschoss mit zwei Waschmaschinen und einem Trockner
auszustatten. Die Nutzung sollte über einen Münzautomaten
ermöglicht werden. Alternativ bot der Vermieter an, für jede
Wohnung einen Stromanschluss im Waschraum zu installieren,
allerdings muss dann der Wasserverbrauch pauschal abgerech-
net werden. Da unser jeweiliger Wasserverbrauch unmittelbar
vor unserer Wohnung gemessen wird, war der Aufwand für

einen Wasseranschluss für jede Wohnung im Waschraum des Untergeschosses nicht vertretbar bzw. zu aufwendig.

Bezüglich der Nutzung einer gestellten Waschmöglichkeit waren die Bedenken damals sehr groß gewesen. Die meisten von uns hatten hier selber schlechte Erfahrungen gemacht oder davon gehört. Pflege und Wartung der Geräte wurden oft zum Problem und führten zu häufigen Ausfällen.

Wir kamen überein, die Möglichkeit des Waschens in der Wohnung zu nutzen, und baten um Stromanschlüsse für jede Wohnung im Waschraum. Ein Wasserzähler für alle Anschlüsse sollte genutzt werden, um den jeweiligen Wasserverbrauch abzulesen. Bei Nutzung sollte der Wasserverbrauch in eine Liste eingetragen werden und bei der Nebenkostenabrechnung berücksichtigt werden.

Ich persönlich nutze den Waschkeller, weil ich auch meinen Trockner nutzen will.

Weitere drei Waschmaschinen und Trockner stehen jetzt im Waschkeller. Alle anderen Mitbewohner waschen in ihren Wohnungen.

Schon im ersten Jahr nach dem Einzug in unsere „aktive Hausgemeinschaft" hatte ich nach einer anderen Lösung für meine anfallende Wäsche gesucht. Die Reinigung meiner Bett- und Tischwäsche, also aller großflächigen Wäschestücke, war mir zu aufwendig, vor allem das Bügeln.

Ich suchte also eine Wäscherei, die für mich diese Aufgabe übernahm, und fand diese auch in unserem Wohnviertel. Zwei Frauen betreiben einen Waschsalon für Selbstbedienung und bieten darüber hinaus auch den Vollservice an. Sie übernehmen das Bügeln und haben für große Teile eine Mangel. Sie organisieren die Kennzeichnung meiner Wäsche und den Hol- und Bringdienst. Für das Waschen und Mangeln meiner Bettwäsche – Laken, Kissen, Bettbezug – bezahlte ich 6,20 Euro. Für eine Tischdecke 2,70 Euro, pro Hemd 2 Euro. Meine Leibwäsche und Handtücher wasche ich selbst. Für die Pflege der Kleidung nutze ich die chemische Reinigung.

Mein Kontakt zu „Karin's-Wäscheservice" blieb unserer Hausgemeinschaft nicht verborgen. Der Kreis der Nutzer dieses Wäscheservice' wurde größer und dann war dies Thema unserer regelmäßigen Zusammenkunft. Ich gab Auskunft über die Abwicklung und Kosten.

Dann war sie da, die Idee für eine weitere Dienstleistung unserer „aktiven Hausgemeinschaft":

Brauchten wir noch so viele Waschmaschinen?

Konnten wir nicht moderne Maschinen für das Trocknen, besonders im Winter, und Bügeln nutzen?

Konnten wir nicht unseren Waschkeller ausbauen und dabei berücksichtigen, dass unsere Hausgemeinschaft größer würde?

Sollten wir nicht eigenes Personal einstellen und unsere guten Erfahrungen mit den Putzhilfen nutzen?

Die unternehmerischen Aktivitäten schienen grenzenlos. So hatte ich unsere Hausgemeinschaft noch nicht erlebt. Else musste die Begeisterung regelrecht bremsen und schlug wie gewohnt vor, Untersuchungen anzustellen, nach Alternativen zu suchen und diese prüfen.

Deutlich wurde, dass alle Mitbewohner an dieser neuen Dienstleistung interessiert waren und ihre großflächige Wäsche vergeben wollten. Wir vom Leitungsteam hatten ein neues Thema und mussten einen Weg aufzeigen.

Zunächst suchten wir Informationen über Leistungen und Preise für das Waschen außerhalb unserer „aktiven Hausgemeinschaft". Das günstigste Angebot kam von einer sozialen Einrichtung aus einer 40 Kilometer entfernten Großstadt. Bei den übrigen Angeboten gab es zwar preisliche Unterschiede bei den Einzelheiten, die aber geringer wurden, wenn es zur Bündelung mehrerer Einzelteile kam.

Großwäschereien berechnen ihre Leistungen nach Gewicht und geben die Preise pro Kilogramm an. Hier wurde der Preisvergleich für uns schwer, da wir keine Möglichkeit zum Wiegen hatten. Die pauschalen Angaben über das Gewicht von einzelnen Wäschestücken durch die Anbieter waren uns zu unsicher. Wie konnten wir das tatsächliche Gewicht überprüfen?

Meine Wäscherei, Katrin's Wäscheservice, bot einen Mengenrabatt an und wurde dadurch auch preislich interessant. Zusätzlich bot sie den Frauen auch das Waschen von Leibwäsche an. Hierfür werden Bauwollnetze zur Verfügung gestellt, in denen die einzelnen Wäschestücke nicht gekennzeichnet werden. Die Wäsche wird gewaschen, maschinell getrocknet und kann auf Wunsch schrankfertig gelegt und gebügelt werden. Dieser Service ist für unsere Hausgemeinschaft wichtig, wenn durch altersbedingte Einschränkung oder Krankheit die Selbstversorgung nicht mehr erfolgen kann.

Die Einrichtung eines eigenen Waschbetriebs in unserem Hause haben wir im Leitungsteam schnell verworfen. Ein Hauptgrund war, dass wir inzwischen an die Grenze unserer Eigeninitiativen stießen. Mussten wir doch auch berücksichtigen, dass unsere Leistungskraft nachlässt und auch mit altersbedingten Ausfällen gerechnet werden muss. Auch war die Anschaffung der erforderlichen Maschinen finanziell nur vertretbar, wenn sie voll ausgenutzt würden. Dazu war unsere Hausgemeinschaft aber, auch nach der Erweiterung, zu klein. Weiterhin waren wir auch gegen einen sogenannten Benutzerzwang, gab es doch auch Mitbewohner, die ihre Wäsche ohne Hilfe bewältigten. Im Rahmen der Erweiterung unserer Hausgemeinschaft sollten aber Maschinen für die Wäschereinigung und -trocknung in einem Waschraum installiert werden.

Wir hatten Angebote von Firmen, die Wasch- und Trockengeräte vermieteten und damit auch die Wartung und Einsatzfähigkeit sicherstellten. Die Kosten für einen Waschvorgang waren durchaus akzeptabel. Die Damen von „Katrin's Wäscheservice" konnten sich auch vorstellen, einen kleinen Waschsalon bei uns einzurichten, allerdings erst nach der Erweiterung.

Wir, das Leitungsteam, informierten unsere Mitbewohner über die Ergebnisse unserer Recherche und legten einen Plan vor.

Unser Vorschlag wurde akzeptiert, alle waren einverstanden. Katrin's Wäscheservice bekam zunächst für ein Jahr die Zusage von unserer Hausgemeinschaft. Begrüßt wurde von der Bewohnerversammlung die freiwillige Basis für die Nutzung dieser Dienstleistung. Nach einem halben Jahr wurden alle großen Wäschestücke unserer „aktiven Hausgemeinschaft" von Katrin's Wäscheservice gereinigt. Es wurde eine gute Zusammenarbeit.

Preisvergleich für Reinigung der Wäsche

Waschen + Mangel / Bügeln pro Stück	Angebot A*	Angebot B	Angebot C	Angebot D	Angebot E
Bettbezug	2,60 €	2,40 €		2,00 €	komplett
Laken	2,40 €	2,40 €		1,60 €	für
Kopfkissen	1,20 €	2,10 €		1,10 €	2,85 €
Tischdecke klein	1,20 €			1,00 €	1,30 €
Mitteldecke	1,20 €	1,60 €		1,80 €	0,65 €
Tischdecke groß	2,70 €	2,50 €		2,20 €	1,90 €
Handtuch klein		1,30 €		0,50 €	
Handtuch groß		1,80 €		0,80 €	
Geschirrtuch	0,45 €	1,80 €		0,50 €	
Hemd	2,00 €	1,40 €	1,80 €	2,00 €	1,65 €
Bluse	2,00 €	3,40 €	1,80 €	2,00 €	1,65 €
Hose / Rock waschbar	2,00 €		3,00 €	2,00 €	1,65 €
Schlafanzug	2,70 €	5,00 €		3,40 €	
Waschen + Mangeln / Bügeln pro kg					
Bettwäsche		3,50 €	2,90 €		
Leibwäsche			2,60 €		
Tischdecken			3,50 €		

*Mengenrabatt bis 10 % möglich

Pflege

Wir saßen mal wieder nach dem großen Mittwochseinkauf beisammen und Willi und Klaus machten ihre üblichen Bemerkungen zum täglichen Ablauf in unserer „aktiven Hausgemeinschaft".

Angefangen hatten wir mit dem Großeinkauf, inzwischen gab es ein regelrechtes Netz von gegenseitigen Hilfen. Wir waren ein wenig stolz, dies hörte man heraus, auf das bisher Geleistete.

Und plötzlich war es da, das Thema „Pflege". Lange war es nicht angesprochen worden, obwohl wir uns alle in Gedanken schon damit befasst hatten.

Als vor einem Jahr Katharina nach einem Krankenhausaufenthalt nicht mehr in unsere Gemeinschaft zurückgekehrt war, weil sie eine ständige Betreuung brauchte, war für uns das Thema kurzfristig aktuell gewesen. Aber Katharina wurde am Wohnort ihrer Tochter gepflegt und wir waren nicht gefordert. Dass Erikas Mann in einer Pflegeeinrichtung war, nahmen wir zwar zur Kenntnis, aber Schlüsse für unsere Hausgemeinschaft zogen wir daraus nicht. Wir kannten Erikas Mann nicht und Erika gehörte in unserer Hausgemeinschaft zu den Aktivsten.

Klaus und Willi wollten mit humorigen Bemerkungen das Thema Pflege wieder vom Tisch fegen. Aber Ursula bemerkte zuerst, und dann Lotte, dass wir uns auch diesem Thema ernsthaft stellen sollten. Innerhalb kurzer Zeit waren alle Anwesenden der Meinung, wir sollten uns auch um dieses Thema kümmern.

Helmut erinnerte daran, dass wir uns schon vor dem Einzug über die Notwendigkeit von Vorsorgeverfügungen unterhalten hatten. Später war das Thema noch einmal erörtert worden, als wir die Regelungen für unser Notrufsystem festgelegt hatten.

Else, unsere Sprecherin, bat alle Mitglieder der Hausgemeinschaft, uns mitzuteilen, ob sie bereits eine Vorsorgeverfügung gemacht hatten. Helmut wollte hierzu einen Fragebogen erstellen, der dann entsprechend ausgefüllt an ihn zurückgegeben werden sollte. Helmut bot weiter an, bei der Erstellung einer Vorsorgeverfügung behilflich zu sein. Else wollte das Thema Pflege im Leitungsteam beraten und dann auf die Tagesord-

nung der nächsten Zusammenkunft unserer Hausgemeinschaft
setzen. Sie bat alle Hausgemeinschaftsmitglieder mit Kenntnissen und Erfahrungen, zu einer Lösung beizutragen.

Für das Leitungsteam stellten sich zunächst folgende Fragen:

- Was können und wollen wir aus eigener Kraft leisten?
- Wann brauchen wir Hilfe von außen?
- Können wir diese Hilfe von außen steuern bzw. beeinflus-
  sen? Welche Voraussetzungen sind dazu nötig?
- Können und wollen wir eine gemeinsame Lösung durch
  professionelle Hilfe von außen?

Mit Einführung der Pflegeversicherung sind auch Leistungskriterien für die Pflege entwickelt worden.

Es wird grundsätzlich in drei Pflegestufen unterschieden. Zur
3. Pflegestufe gibt es noch zusätzlich eine Härtefallregelung.
Diese brauchten wir, dies war sofort klar, nicht zu berücksichtigen, da diese in unserer Hausgemeinschaft nicht durchgeführt
werden konnte.

Nach Überprüfung der Leistungskriterien stellten wir fest,
dass die gegenseitige Hilfe im Pflegefall durch unsere Hausgemeinschaft nur stark eingeschränkt geleistet werden kann.
Dies hängt auch davon ab, wie lange ein Pflegeeinsatz geleistet
werden muss. Eine Krankheit von kurzer Dauer ist für unsere
Hausgemeinschaft kein Problem. Da haben wir inzwischen
Erfahrungen gesammelt und können zusammen mit den behandelnden Ärzten und der ambulanten Unterstützung durch Dritte
das meiste in der Hausgemeinschaft regeln. Auch Nachbehandlungen nach Krankenhausaufenthalten sind von uns leistbar.
Die hauswirtschaftliche Versorgung können wir auch eigen-
ständig organisieren. Unser Hilfenetz deckt hier schon das We-
sentliche ab.

Schwierig wird es bei Bettlägerigkeit auf Dauer und stärker
körperlicher Einschränkung, wo regelmäßig Einsätze erforderlich sind.

Nach mehreren Beratungen im Leitungsteam kamen wir zu folgendem Ergebnis und stellten dieses unserer Hausgemeinschaft vor:

Wird ein Mitglied unserer „aktiven Hausgemeinschaft" krank und braucht Pflege, so sorgt die „aktive Hausgemeinschaft" dafür, dass die notwendigen Maßnahmen zur Versorgung erfolgen. Das Leben in unserer „aktiven Hausgemeinschaft" soll so lange wie möglich genutzt werden. Was wir nicht selber leisten können, wird durch Fachkräfte von außen durchgeführt. Zu diesem Zweck werden Vereinbarungen mit sogenannten Pflegediensten getroffen. Die Inanspruchnahme dieser Pflegedienste ist nicht zwingend. Es wird aber angestrebt, ähnlich der medizinischen Versorgung feste Vereinbarungen mit ein oder zwei Pflegediensten zu treffen.

Wir stellten fest, dass die Leistungskriterien und ihre Anwendung für alle Pflegedienste verbindlich sind. Die Preisunterschiede liegen bei bis zu 10 %. Die Grundlage für die Finanzierung sind Punkte, die für die Leistungen verbindlich festgelegt sind. Die von uns geprüften Anbieter verlangten für einen Bewertungspunkt zwischen 0,039 und 0,0458 Euro.

So werden z.B. für eine Ganzkörperwaschung – Ober- und Unterkörper – 410 Punkte, also 19,14 Euro, berechnet. Medizinische Behandlungen, z.B. das Anziehen von Stützstrümpfen, Behandlung mit Augentropfen usw., gehören zur sogenannten Behandlungspflege und werden von den Krankenkassen gesondert honoriert.

Letztlich, so unsere Erkenntnis im Leitungsteam, waren alle Anbieter von Pflegeleistungen an einer Vereinbarung mit unserer „aktiven Hausgemeinschaft" interessiert. Das lag nicht zuletzt auch daran, weil bei mehreren Einsätzen an einer Adresse Wegekosten gespart werden können.

Ein Anbieter machte den Vorschlag, nach der Erweiterung unseres Hauses eine Niederlassung dort einzurichten. Unsere Frau Doktor, sie ist eine von den drei Hausärzten, die unser Haus betreuen, machte sogar den Vorschlag, einen Behandlungsraum dort einzurichten. Sie vertrat zudem die Auffassung, dass zur Pflege auch eine Badewanne notwendig sei. In unseren Wohnungen gibt es nur Duschen, die zwar barrierefrei sind, aber das Baden mit Zusätzen, z.B. bei Erkältungen oder zur Pflege der Haut, ist nicht möglich. Auch die Bewegungen von Armen und Beinen könnten, so Frau Doktor, in einer Badewanne trainiert und Versteifungen behandelt werden.

Da ich die Pläne für den Erweiterungsbau kannte, sah ich von der Raumplanung her keine Schwierigkeiten für eine Umsetzung. Frau Doktor gab uns noch den Tipp, die Krankenkassen um Finanzierungshilfe zu bitten. Schließlich könne die Einrichtung die Pflege erleichtern und damit Kosten vermeiden.

Nachdem ich mit dem Architekten für unseren Erweiterungsbau im Rahmen unserer Planungssitzungen über diesen Vorschlag gesprochen hatte, erhielt ich eine Woche später einen Entwurf. Dieser beinhaltete einen Raum für die medizinische und pflegerische Versorgung mit einer speziellen medizinischen Badewanne und Hilfsgeräten zur Nutzung bei Behinderung und einer Behandlungsliege für intensive Untersuchungen und Massagen. Weiter eine Schrankwand mit mehreren abschließbaren Einheiten für die Bevorratung von Pflege- und medizinischen Hilfsmitteln sowie für die sogenannte „Erste Hilfe". Eine Toilette mit Waschbecken bildete die Trennung zu einem weiteren Raum, der als Besprechungs- und Aufenthaltsraum für Pflegepersonal genutzt werden konnte.

Ich sprach mit meinem Hausarzt, der ja auch zu unserem Ärzteteam gehört, über unsere Pläne und Überlegungen. Er sagte sofort zu, die Einrichtung zu nutzen, rief eine seiner Helferinnen und zeigte ihr den Plan mit dem Hinweis: „Wäre das nichts für Sie, Schwester Renate?"

Schwester Renate, ich schätzte ihr Alter auf über 50, sah ihren Chef fragend an.

Der sagte: „Übernehmen Sie doch eine Wohnung in der aktiven Hausgemeinschaft und die Aufgabe der medizinischen und pflegerischen Betreuung. Ich weiß", so mein Hausarzt weiter, „dass Sie sich für das Wohnen in der Hausgemeinschaft interessieren."

Schwester Renate nickte und wandte ein, dass sie ja noch einige Jahre arbeiten müsse.

„Sie können dort beides", antwortete ihr Chef.

Nun war ich gefragt und musste reagieren. Ich erklärte, dass der Eintritt in unsere „aktive Hausgemeinschaft" eine Berufstätigkeit nicht ausschließe. Allerdings sollte die Altersgrenze von 60 Jahren schon erreicht sein.

Schwester Renate lachte und meinte, kein Problem. „Ich bin schon darüber, nämlich 61 Jahre."

Daraufhin lud ich Schwester Renate ein, uns am Wochenende in unserer Hausgemeinschaft zu besuchen.

Als ich die Praxis verließ, war mein Blutdruck auf dem Höchststand. Diese Entwicklung musste ich erst verdauen. Langsam schlenderte ich nach Hause.

Am anderen Tag informierte ich unser Leitungsteam darüber. Der Plan des Architekten für die medizinische und pflegerische Versorgung wurde mit Begeisterung aufgenommen. Allerdings musste die Ausführung auch finanziert werden. Diese Klärung wurde mir übertragen und Helmut wollte mit seiner Krankenkasse diesbezüglich Kontakt aufnehmen und um mögliche Zuschüsse nachfragen. Else übernahm auf mein Bitten die Sache mit Schwester Renate. Sie sollte insbesonders prüfen, ob Schwester Renate in unsere Hausgemeinschaft passte. Else schlug vor, Erika und Ursula ebenfalls zum Treffen mit Schwester Renate am Wochenende dazuzubitten.

Am Abend traf ich unsere Frau Doktor im Hausflur nach einer Visite. Ich zeigte ihr den Plan und sprach auch über das Interesse von Schwester Renate, in unser Haus einzuziehen. Frau Doktor war begeistert von dem Plan und äußerte sich sehr positiv über Schwester Renate, die sie aus der Zusammenarbeit mit dem Kollegen kannte. Sie konnte sich Schwester Renate gut als medizinische und pflegerische Ansprechpartnerin für unsere Hausgemeinschaft vorstellen. Sie hätte umfangreiche Erfahrungen und könne die notwendigen Schritte zur Erstversorgung einleiten. Außerdem könnte durch Schwester Renate auch der Einsatz der Pflegekräfte von außen koordiniert und überwacht werden. Von einer Bindung an einen Pflegedienst riet Frau Doktor ab. Eine Anbindung eines Pflegedienstes in angemieteten Räumen unseres Hauses gehe nicht ohne langfristige Verträge. Da die Anbieter von Pflege selten den gesamten Bereich der Pflege, besonders der Behandlungspflege, durch Fachpersonal abdecken, könnten Probleme auftreten, wenn unterschiedliche Krankheiten behandelt werden müssten. Letztlich, so Frau Doktor abschließend, beeinflusse der Wettbewerb auch die Leistungsqualität.

Helmut und ich bereiteten nun die Fülle von Informationen für unsere Zusammenkunft der Hausgemeinschaft auf. Helmut hatte von seiner Krankenkasse noch den Hinweis auf die Pflegeberatung der Kreisverwaltung erhalten. Eine Mitarbeiterin der öffentlichen Beratungsstelle war bereit, unserer Hausgemeinschaft wichtige Informationen zur Pflege bei unserer Zusammenkunft zu vermitteln – ein guter Einstieg, so war die einhellige Meinung unseres erweiterten Leitungsteams. Von dieser Fachfrau bekamen wir auch Informationen über die finanzielle Förderung für die Ausstattung unserer Pflegeräumlichkeiten. Dazu hatte Helmuts Krankenkasse grundsätzlich eine Prüfung zugesagt und auch signalisiert, dass auf freiwilliger Basis eine Mitfinanzierung von Einrichtungen zur medizinischen Behandlungspflege möglich sei.

Schlussendlich, das kann ich an dieser Stelle schon erwähnen, haben alle vier Krankenkassen, in denen die Mitglieder unserer Hausgemeinschaft versichert sind, die Mehrkosten für die medizinische Badewanne und die Hilfseinrichtungen zu deren Benutzung getragen. Wir wurden aber gebeten, über Einzelheiten und Höhe der Kosten keine Auskünfte an Dritte zu geben oder diese zu veröffentlichen, denn es handelte sich um eine freiwillige Leistung der Krankenkassen.

Am Wochenende kam Schwester Renate und ich stellte sie unserem erweiterten Leitungsteam vor. Bei Kaffee und Kuchen wurden die ersten Informationen ausgetauscht. Ich zeigte unsere Pläne vom Erweiterungsbau und einer möglichen Wohnung für Schwester Renate. Für die Einrichtung der Pflegeräumlichkeiten machte Schwester Renate einige Vorschläge und zeigte dabei schon Begeisterung für ihre neue Aufgabe.

Helmut und ich ließen dann die Frauen – Else, Erika, Ursula und Renate – allein. Zur Klärung der Fragen bezüglich Wohnung, Hausgemeinschaft usw. wurden wir nicht benötigt.

Erika berichtete mir später, dass es ein sehr gutes Gespräch war und sie Schwester Renate für gut geeignet hielt, den Aufgabenbereich „Pflege" zu bewältigen. Unser Leitungsteam beschloss später, der Hausgemeinschaft vorzuschlagen, Schwester Renate mit der Pflegeorganisation zu betrauen und ihr eine Wohnung nach Fertigstellung der Erweiterung anzubieten.

Mir blieb noch die Aufgabe, mit dem Hausbesitzer zu klären, wie die Finanzierung für unsere Räume zur Pflege und Behandlung geleistet werden könnte. Unser Hausbesitzer gab sofort sein Einverständnis, dass die Einrichtung gebaut wurde. Er hatte den Plan schon gesehen und den Architekten mit der Ausführung beauftragt. Die Kosten für den Bau der Räumlichkeiten, die entsprechenden Anschlüsse und der Einbau der Toilette sollten zulasten der Baukosten gehen. Die Einrichtung sollte, so schlug der Hausbesitzer vor, unsere Sache sein. Für die Räume würden also keine Mietkosten, sondern nur Nebenkosten entstehen.

Sollte er als Vermieter die Räume ganz oder teilweise einrichten, würde er die Kosten über die Miete langfristig ausgleichen. Grundsätzlich war somit die Finanzierung gesichert. Letztlich blieb bei der Einrichtung unserer Pflege- und Behandlungsräume eine Finanzierungslücke von 5.800 Euro. Dies bedeutete für unsere Hausgemeinschaft eine monatliche Belastung von 50 Euro. Hinzu kamen noch die Betriebskosten für die Raumwärme, Warm- und Kaltwasser, Strom und Raumpflege. Nach der Erweiterung unserer Hausgemeinschaft war die zusätzliche Belastung über die Nebenkosten für alle tragbar.

Unsere Ärzte spenden regelmäßig für die Betriebskosten und nutzen die Räumlichkeiten. Beim Einsatz von externen Pflegekräften verringert sich der Betrag weiter. Frau Klauke von der Pflegeberatungsstelle des Landkreises zeigte bei unserer Zusammenarbeit die wesentlichen Bestandteile der Hilfen durch die Pflegeversicherung auf. Sie warb für die Pflege in der häuslichen Gemeinschaft und machte uns Mut für unsere Pläne. Ihre Beratungsstelle, so Frau Klauke abschließend, sei immer Ansprechpartner, auch für konkrete Einzelfälle.

Und nun zurück zur Planungsphase:

Else erläuterte unser Beratungsergebnis zum Thema Pflege. Schwester Renates Aufnahme in unsere Wohngemeinschaft wurde einstimmig beschlossen. Sie war auch für einige Mitglieder unserer Hausgemeinschaft keine Unbekannte. Da derzeit keine Pflege in unserer Hausgemeinschaft benötigt wurde, vertagten wir die Festlegung der externen Pflegedienste.

Zwei Jahre später waren bereits drei Pflegedienste in unserem Haus tätig. Sie alle nutzten unsere Behandlungsräume. Die Mehrzahl der Einsätze gehörten zur Behandlungspflege, also Verbinden, Spritzen und Nachbehandlungen von operativen Eingriffen. Von Schwerstpflege blieben wir bis dahin verschont.

Ein Bad mit entsprechenden Zusätzen in unserem Behandlungsraum ist sehr beliebt und hilft bei kleinen Wehwehchen.

Schwester Renate übernahm ihre Aufgabe schon vor Fertigstellung der Pflege- und Behandlungsräume und wurde sehr schnell zu einer tragenden Säule unserer „aktiven Hausgemeinschaft". Nach ihrem Einzug konnten wir, das Leitungsteam, das Thema Pflege von der Tagesordnung nehmen.

Im März 2016 kam das Thema Pflege erneut im Leitungsteam zur Sprache. Bei einer Zusammenkunft der Hausgemeinschaft wurden zur erfolgten Veröffentlichung der Bundesregierung zu den Pflegeverstärkungsgesetzen einige Fragen gestellt. Auch Schwester Renate, unsere Pflegebeauftragte, war an Informationen interessiert. Isolde, eine ehemalige Versicherungsfachangestellte bei der AOK, bot ihre Mitarbeit bei der Recherche an.

Isolde gehörte zu den später eingezogenen Bewohnern und hatte sich schon um die Freistellungen für die Zuzahlungen bei Arzneimitteln gekümmert. Wie schon berichtet, haben wir einen Apotheker, der uns mit Medikamenten versorgt. Obwohl kein „Muss", lassen sich alle Mitglieder unserer Hausgemeinschaft von ihm versorgen. Der Apotheker sorgt in Zusammenarbeit mit Schwester Renate dafür, dass unsere Haus- und Notfallapotheke immer gut bestückt ist.

Isolde erfuhr von unserem Apotheker, dass einige Bewohner, er nannte keine Namen, bei den Zuzahlungen für ihre Medikamente die Belastungsgrenze weit überschritten hatten. Isolde

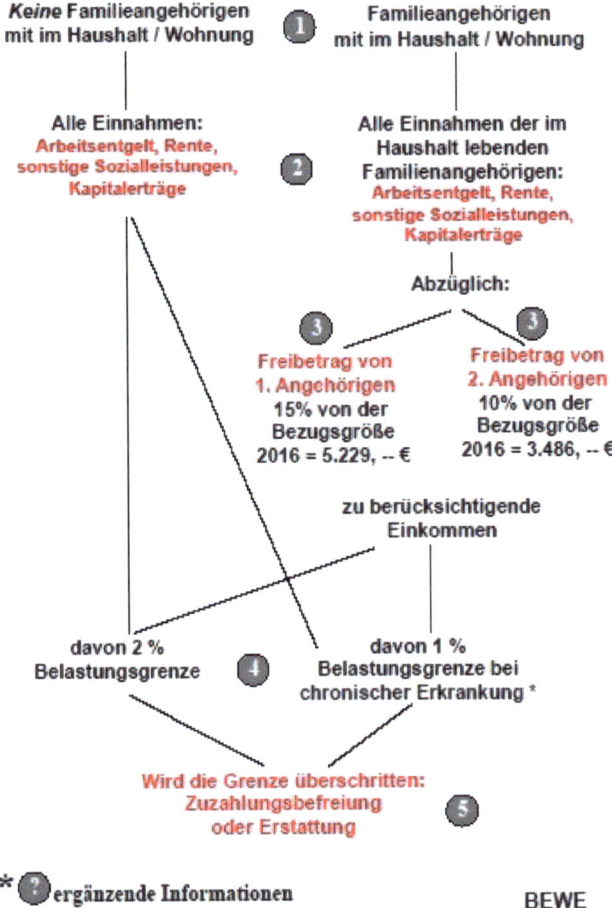

sprach das Thema in einer Bewohnerversammlung an. Das Interesse war groß, obwohl das Verfahren nicht leicht zu erklären war. Isolde machte den Vorschlag zu Einzelberatungen und bot später an, die Belege zu sammeln und bei Erreichung der Belastungsgrenze einen Befreiungs- bzw. Erstattungsantrag bei der jeweiligen Krankenkasse zu stellen. Inzwischen sammelt

Isolde die Zuzahlungsbelege von 23 Mitbewohnern. Bei sechs Mitbewohnern wurde die Befreiung von der Zuzahlung schon zu Beginn des Jahres durch Vorauszahlung der zumutbaren Belastung an die jeweilige Krankenkasse erreicht. Dieser vereinfachte Weg lohnt sich meistens bei chronischen Erkrankungen, wie z.B. bei Stoffwechsel- und Herz-Kreislauf-Störungen, die eine dauernde Behandlung zur Folge haben.

 ## Richtlinie für chronische Erkrankungen:

Bei einer chronischen Erkrankung ist eine kontinuierliche medizinische Versorgung (ärztliche oder psychotherapeutische Behandlung, Arzneimitteltherapie, Behandlungspflege, Versorgung mit Heil- und Hilfsmitteln) erforderlich, ohne die nach ärztlicher Einschätzung eine lebensbedrohliche Verschlimmerung der Erkrankung, eine Verminderung der Lebensqualität aufgrund der Krankheit zu erwarten ist.

Es liegt eine Pflegebedürftigkeit (Pflegestufe) oder Behinderung nach dem Schwerbehinderten- oder Unfallversicherungsrecht (mindestens 60 Prozent) vor.

Die Belastungsgrenze beträgt bei chronischer Erkrankung 1 Prozent des Bruttoeinkommens zum Lebensunterhalt, ansonsten liegt die Belastungsgrenze bei 2 Prozent.

 ## Belastungsgrenze:

Die Höhe der Belastungsgrenze hängt vom jährlichen Familieneinkommen ab. Das heißt: Arbeitsentgelt, Zahlbetrag der Renten- und Versorgungsbezüge, Einnahmen aus Kapitalvermögen, aus Vermietung und Verpachtung und Leistungen nach dem Sozialhilfegesetz aller im Haushalt lebenden Familienangehörigen*.

*Bei den Sozialversicherungen wird das Familieneinkommen, nicht das Haushaltseinkommen für die Bemessung herangezogen.

Dies bedeutet für unsere Hausgemeinschaft, dass unsere Eheleute zusammen und die nicht verheirateten in einer Wohnung wohnenden Mitbewohnerinnen einzeln veranschlagt werden.

 **Freibeträge für Familien:**

Für die Familie, also unsere Eheleute, gibt es für den ersten, also Ehepartner, im gemeinsamen Haushalt lebenden Angehörigen eine Freibetrag von 15 Prozent und für jeden weiteren im Haushalt lebenden Familienangehörigen 10 Prozent der jährlichen „Bezugsgröße".

Die Bezugsgröße entspricht dem Durchschnittsentgelt der gesetzlichen Rentenversicherung im vorvorausgegangenen Jahr, also vor zwei Jahren, und wird jährlich errechnet.

2016 waren es 2.905 Euro pro Monat, im Jahr 34.860 Euro. Davon 15 Prozent ergibt einen Freibetrag von 5229 Euro.

Beispiel:
Ein Ehepaar in unserer Hausgemeinschaft hat ein Jahreseinkommen von 25.000 Euro, dann werden für den Ehepartner 5.229 Euro abgezogen. Verbleiben 19.771 Euro, davon 2 Prozent, wenn keine chronische Erkrankung vorliegt, ergibt eine Belastungsgrenze für die Zuzahlung von 395,42 Euro jährlich.

Liegt eine chronische Erkrankung vor, so liegt die Belastungsgrenze bei 197,50 Euro jährlich.

5 **Überschreitung der Belastungsgrenze:**

Wird die Belastungsgrenze im Laufe eines Jahres überschritten, so erfolgt auf Antrag bei der jeweiligen Krankenkasse eine Zuzahlungsbefreiung für das restliche Jahr. Schon über die Belastungsgrenze gezahlte Zuzahlungen werden gegen Vorlage der Belege erstattet.

Die Zuzahlungsbefreiung gilt nur für das laufende Jahr und muss im neuen Jahr erneut beantragt werden. Ist sicher, dass die Belastungsgrenze im Laufe des Jahres überschritten wird, kann zu Beginn eines neuen Jahres der Zuzahlungsbeitrag an die Krankenkasse überwiesen werden. Dann ist das ganze Jahr zuzahlungsfrei.

Und nun zurück zum Thema Pflege:

Wird ein Mitglied unserer „aktiven Hausgemeinschaft" krank und braucht Pflege, so sorgt unsere „aktive Hausgemeinschaft" dafür, dass die notwendigen Maßnahmen zur Versorgung erfolgen. Das Leben in unserer Hausgemeinschaft soll so lange wie möglich genutzt werden. Was wir nicht leisten können, wird durch Fachkräfte von außen durchgeführt.

So waren wir vor zwei Jahren verblieben. Bei der Erweiterung unserer Hausgemeinschaft hatten wir Räumlichkeiten geschaffen, die für die Behandlung genutzt werden können. Der bisherige, bis Ende 2016 gültige Pflegebedürftigkeitsbegriff war vor allem auf körperliche Einschränkungen bezogen. Alterspsychiatrische und psychische Beeinträchtigungen wurden nur eingeschränkt oder nicht berücksichtigt. Es kam bei der bisherigen Begutachtung darauf an, festzustellen, wie viele Minuten ein Mensch bei der Körperpflege, für das Anziehen der Kleidung und bei der Nahrungsaufnahme an Hilfe benötigt.

Nun, so Isolde in unserer Leitungssitzung, stand die Frage im Mittelpunkt der Begutachtung, wie selbstständig der Mensch bei der Bewältigung seines Alltags ist. Was kann er und was kann er nicht mehr?

Mit dem ab Januar 2017 geltenden Pflegebedürftigkeitsbegriff ändert sich auch das Begutachtungsverfahren zur Feststellung der Pflegebedürftigkeit grundlegend. Maßstab soll nicht mehr der Hilfebedarf in Minuten, sondern der Grad der Selbstständigkeit eines Menschen sein. Das neue Verfahren stellt den Menschen, seine Ressourcen und Fähigkeiten in den Mittelpunkt. Es wird gefragt, wie seine Selbstständigkeit erhalten und gestärkt werden kann und wobei er Hilfe und Unterstützung benötigt. Es wird der Bedarf an allgemeiner Beaufsichtigung und Betreuung, bei der Tagesgestaltung und Haushaltsführung sowie bei sozialen Kontakten und außerhäuslichen Aktivitäten festgestellt und bewertet (siehe folgende Tabelle):

Beurteilung der Pflegebedürftigkeit

Mobilität:
> Wie selbstständig kann der Mensch sich fortbewegen und seine Körperhaltung ändern?

10 %

Kognitive und kommunikative Fähigkeiten:
> Wie findet sich der Mensch in seinem Alltag örtlich und zeitlich zurecht?
> Kann er für sich selbst Entscheidungen treffen, Gespräche führen und Bedürfnisse mitteilen?

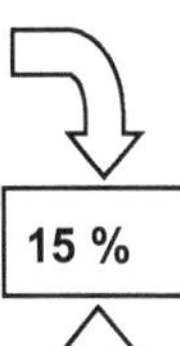

15 %

Verhaltensweisen und psychische Problemlagen:
> Wie häufig benötigt der Mensch Hilfe aufgrund von psychischen Problemen wie etwa aggressives oder ängstliches Verhalten?

Selbstversorgung:
> Wie selbstständig kann der Mensch sich im Alltag selbst versorgen bei der Körperpflege, beim Essen und Trinken?

40 %

Bewältigung von und selbstständiger Umgang mit krankheits- oder therapiebedingten Anforderungen und Belastungen:
> Welche Unterstützung wird benötigt beim Umfang mit der Krankheit und bei Behandlungen, zum Beispiel Medikamentengabe, Verbandswechsel, Dialyse und Beatmung?

20 %

Gestaltung des Alltagslebens und sozialer Kontakte:
> Wie selbstständig kann der Mensch noch den Tagesablauf planen oder Kontakte pflegen?

15 %

Wir, das Leitungsteam unserer „aktiven Hausgemeinschaft", stellten fest, dass wir mit unseren Aktivitäten und Angeboten doch sehr viel für die Erhaltung unserer Selbstständigkeit taten. Elfriede, unsere Sprecherin, erinnerte uns daran, dass dies ja unser Ziel war.

Unsere Frage, wie denn die Bewertung und Beurteilung im Detail erfolgten, erklärte uns Isolde am Beispiel des Modul 4 „Selbstversorgung", Anteil an der Gesamtbeurteilung 40 Prozent:

Bewertung nach Punkten			
Verrichtungen	*selbst-ständig*	*überwiegend selbstständig*	*überwiegend unselbstständig*	*unselbst-ständig*
Waschen des Oberkörpers	0	1	2	3
Waschen des Intimbereiches	0	1	2	3
Duschen und Baden einschließlich Waschen der Haare	0	1	2	3
An- und Auskleiden des Oberkörpers	0	1	2	3
An- und Auskleiden des Unterkörpers	0	1	2	3
Mundgerechte Zubereitung der Nahrung und Eingießen von Getränken	0	1	2	3
Essen	0	3	6	9
Trinken	0	2	4	6
Benutzen einer Toilette oder eines Toilettenstuhls	0	2	4	6
Bewältigung einer Harninkontinenz und Umgang mit Dauerkatheder Urostoma	0	1	2	3
Bewältigung der Folgen einer Stuhlinkontinenz und Umgang mit Stoma	0	1	2	3

Hinweis: Unter www.weisse-liste.de/ Pflegeplaner kann die Beurteilung mit den einzelnen Modulen und der Vergabe von Punkten durchgeführt werden.

102

Die bisherigen drei Pflegestufen werden durch fünf Pflegegrade ersetzt:

Pflegegrad 1: Geringe Beeinträchtigung der Selbstständigkeit (12,5 bis unter 27 Punkte)

Pflegegrad 2: Erhebliche Beeinträchtigung der Selbstständigkeit (27 bis unter 47,5 Punkte)

Pflegegrad 3: Schwere Beeinträchtigung der Selbstständigkeit (47,5 bis unter 70 Punkte)

Pflegegrad 4: Schwerste Beeinträchtigung der Selbstständigkeit (70 bis unter 90 Punkte)

Pflegegrad 5: Schwerste Beeinträchtigung der Selbstständigkeit mit besonderen Anforderungen an die pflegerische Versorgung (90 bis 100 Punkte)

Marie und Paul wohnten seit der Erweiterung in unserer „aktiven Hausgemeinschaft". Paul litt seit vielen Jahren an Bluthochdruck und hatte vor einem halben Jahr einen Schlaganfall. Nach der Behandlung im Krankenhaus hatte Paul an einer Rehabilitation teilgenommen. Eine halbseitige Lähmung war geblieben. Marie war noch sehr rüstig und unterstützte Paul bei allen notwendigen Hilfestellungen. Sie wurde unterstützt durch Schwester Renate und unsere Hausgemeinschaft. Zur Stärkung und Erhaltung der Beweglichkeit musste Paul weiter therapiert werden.

Bei der Erstellung des Gutachtens für die Pflegeversicherung wurde deutlich, dass Paul seinen Medikamentenplan kannte, aber nicht in der Lage war, die Tabletten aus den Blisterverpackungen zu drücken. Er war deutlich gehbehindert, hatte wenig Kraft im rechten Bein und dadurch Schwierigkeiten beim Treppensteigen. Paul brauchte Hilfe beim Aufstehen. Da er nicht frei stehen konnte, benötigte er teilweise Unterstützung beim Waschen und Duschen sowie beim Anziehen. Wegen der Probleme mit der rechten Hand half ihm seine Frau beim Zähneputzen und Rasieren. Sie knöpfte das Hemd zu und half beim

Reißverschluss und beim Schuhezubinden. Das Essen wurde für ihn mundgerecht zubereitet.

Im Modul 1 der Mobilität erhielt Paul 3 Einzelpunkte. Da das Modul 1 einen Anteil von 10 Prozent an der Gesamtbewertung hat, müssen die festgestellten Punkte gewichtet werden. Die 3 Einzelpunkte ergaben 2,5 gewichtete Punkte.

Im Modul 2 und 3 war Paul nicht beeinträchtigt und erhielt somit keine Punkte.

Im Modul 4 Selbstversorgung benötigte Paul Hilfe. Es wurden 10 Einzelpunkte festgestellt und mit 20 Punkten gewichtet.

Es kamen noch 5 gewichtete Punkte aus Modul 5 für die Bereitstellung der Medikamente und 3,75 Punkte aus Modul 6 für die Unterstützung beim Ruhen und Schlafen.

Insgesamt wurden 31,25 gewichtete Punkte festgestellt. Für Paul wurde der Pflegegrad 2 vom Gutachter empfohlen.

Paul bekommt 316 Euro Pflegegeld. Nimmt er einen Pflegedienst, so wird dieser mit 689 Euro bezuschusst. Hinzu kommt noch ein Entlastungsbeitrag von 125 Euro monatlich für Aufwendungen von Leistungen der Tages-, Nacht- und Kurzzeitpflege. Die Mittel können auch für die Verhinderungspflege eingesetzt werden und sind nicht an eine monatliche Ausgabe gebunden, sondern können innerhalb eines Jahres in Anspruch genommen werden.

Marie wollte die 125 Euro monatlich und auch einen Teil des Pflegegeldes für die Unterstützung durch unsere Hausgemeinschaft verwenden. Hier waren wir im Leistungsteam gefordert, eine Regelung zu finden. Wir zogen Renate und Isolde hinzu, die schon einen Plan hatten. Sie wollten neben unserer schon bestehenden Unterstützung sich auch für präventive Maßnahmen in unserer Hausgemeinschaft einsetzen. Damit wollen sie frühzeitig Risikofaktoren für körperliche und psychische Erkrankungen beeinflussen, Krankheiten vermeiden und das Fortschreiten von Krankheitsprozessen verhindern.

Für uns alle planten sie, Kursangebote zur Sturzprävention und zur Vermeidung von Fehl- und Mangelernährung anzubieten. Unsere Hausärzte hatten schon ihre Zusammenarbeit angeboten. Schwester Renate machte noch den Vorschlag, die Einstellung von externen Fachkräften zur Aushilfe zu prüfen. Wir haben ja schon gute Erfahrungen mit unseren eigenen Reinigungskräften gemacht.

In den weiteren Gesprächen stellte sich heraus, dass Renates Vorschlag einen Hintergrund hatte: Bei unserer Mitbewohnerin Lotte machte sich eine beginnende Demenz bemerkbar. Sie war freundlich und zugewandt und verstand auch einfache Aussagen und Fragen. Ihr körperlicher Zustand war altersentsprechend gut. Sie war beweglich, litt aber unter einer zunehmenden Harninkontinenz und benötigte Windeln. Weiter brauchte sie drei Mal täglich Medikamente für eine chronische Venenschwäche. Auf Anraten eines unserer Hausärzte wurde Lotte von einem Gutachter des medizinischen Dienstes beurteilt.

Sie war nicht in ihrer Mobilität eingeschränkt, konnte gehen und Treppen steigen. Dabei hielt sie sich selbstständig am Geländer fest. Im Gespräch erfuhr der Gutachter, dass Lotte sehr vergesslich war und etwa zwei Mal in der Woche nachts unruhig war und den Tag- und Nachtrhythmus durcheinanderbrachte. Im Modul Selbstversorgung wurde festgestellt, dass Lotte die Körperpflege überwiegend selbstständig ausführte, aber sie musste dazu aufgefordert werden. Probleme bereitete auch die Harninkontinenz. Sie brauchte Hilfe in neuen, ihr unbekannten Situationen, fand sich aber in ihrer Wohnung und im Haus allein zurecht.

Lotte erhielt durch den Gutachter im Modul 2 eine hohe gewichtete Punktzahl. Ihre nächtliche Unruhe wurde dabei mitbewertet. Im Modul 1 erhielt sie keine Punkte. Die Selbstversorgung wurde mit 20 Punkten gewichtet. Ihr Hilfebedarf bei der Medikamentengabe und dem An- und Ausziehen von Kompressionsstrümpfen floss ebenfalls in die Bewertung ein. Lotte erhielt mit einem Gesamtwert von 48,75 gewichteten Punkten den Pflegegrad 3.

Für uns, so Renate, stellte sich hier die Frage: Sind wir als Hausgemeinschaft in der Lage, solche Herausforderungen zu meistern? Die nächtliche Unruhe von Lotte und ihre fortschreitende Demenz erforderten eine 24-Stunden-Betreuung. Durch den Einsatz eines Pflegedienstes konnte dies nicht erreicht werden. Eine selbst organisierte Pflege würde mit 545 Euro monatlich von der Pflegekasse unterstützt. Für den ambulanten Einsatz eines Pflegedienstes ständen 1.298 Euro zur Verfügung. Damit konnte keine Betreuung für Lotte finanziert werden. Hier wurden uns die Grenzen unserer aktiven Hausgemeinschaft aufgezeigt. Hinzu kam, dass die Wohnung von Lotte für den Aufenthalt einer Betreuungsperson rund um die Uhr zu klein war. Eine Betreuung innerhalb unseres gesamten Hauses war auch nicht möglich, weil Lotte sich nur noch in ihrer eigenen Wohnung zurechtfand. Sie hätte zudem ohne ständige Kontrolle unser Haus verlassen und umherirren können.

Der von Schwester Renate eingebrachte Gedanke, einen eigenen Pflegdienst mit externen Kräften für unsere Hausgemeinschaft zu organisieren, wurde lange beraten. Wir mussten aber feststellen, dass dies nur finanziell zu stemmen war, wenn mindestens zehn Bewohner den Pflegegrad 3 hätten. Wir kamen im Leistungsteam überein, unsere Mitbewohner in der nächsten Zusammenkunft zu informieren und unsere Möglichkeiten und Grenzen im Bereich Pflege aufzuzeigen. Elfriede und Erika wollten sich über ortsnahe Pflegeeinrichtungen informieren und die Möglichkeiten einer Zusammenarbeit prüfen. Dann könnten unsere Mitbewohner dies bei ihren Vorsorgeverfügungen berücksichtigen.

Hörgeräte

Nach einem Mittwochseinkauf, wir saßen danach alle zusammen im Gemeinschaftsraum, berichtete Bruno über seinen Ärger mit seinen Hörgeräten. Seine Hörfähigkeit war eingeschränkt und er glich diese Einschränkung seit über sechs Jahren mit Hörgeräten aus. Bruno hatte bei der Anschaffung vor sechs Jahren 3.200 Euro bezahlt, weil die sogenannten Kassengeräte angeblich nicht auf dem neuesten Stand waren. Seine Krankenkasse zahlte einen Anteil von 1.400 Euro und eine Reparaturpauschale und Bruno schloss mit seinem Hörgeräteakustiker einen Sondervertrag ab. Der Sondervertrag verpflichtete ihn zur Zahlung der Mehrkosten für die Geräte von 3.200 Euro und zu einer anteiligen Beteiligung der Reparaturkosten. Später stellte sich heraus, dass dieser Anteil für Bruno bei über 60 Prozent lag. Vor einigen Tagen, so berichtete

Bruno weiter, war wieder ein Austausch eines Hörers fällig und der Hörgeräteakustiker verlangte von ihm dafür 90 Euro. Auf Brunos Frage nach der Beteiligung der Krankenkasse kam der Hinweis, dass die gezahlte Wartungs- und Reparaturpauschale nur für sechs Jahre gezahlt worden war.

Bruno erkundigte sich bei anderen Anbietern über den Preis der Höreinheit und erfuhr, dass er den Höchstpreis gezahlt hatte. Das günstigste Angebot betrug 64 Euro. Da auch die Höreinheit für das andere Ohr nicht mehr funktionierte, teilte er dem Hörgeräteakustiker bei der Überprüfung mit, dass er mit der Höhe des Preises nicht einverstanden sei und sich anderweitig versorgen wollte.

Am nächsten Tag wurde Bruno telefonisch von einer Mitarbeiterin des Hörgeräteakustikers mitgeteilt, dass sich die Krankenkasse doch beteiligen würde und ihn dadurch die Hörer nur noch 65 pro Stück kosten würden. Allerdings müsste Bruno mit seiner Versicherungskarte vorbeikommen und einen Antrag unterschreiben. Bruno erledigte dies noch am gleichen Tag und war eigentlich froh, einen Preisnachlass erreicht zu haben.

Eine Woche später erhielt er ein Schreiben von seiner Krankenkasse, dass sie die Kosten für die Erneuerung der Höreinheiten in Höhe von 222 Euro übernommen hätten. Bruno rechnete nach und stellte fest, dass der Hörgeräteakustiker ohne Krankenkassenbeteiligung für die beiden Höreinheiten 180 Euro von ihm bekommen hätte. Nun aber hatte der Hörgeräteakustiker mit seiner Beteiligung von 130 Euro insgesamt 352 Euro erhalten. Unsere Mitbewohnerin Isolde, ehemalige Krankenkassenmitarbeiterin, erklärte uns, dass die Krankenkasse nach Ablauf der Sechsjahresfrist die Reparaturkosten bei Hörgeräten voll übernimmt, sofern sich eine Reparatur noch lohnt. Ansonsten besteht ein Anspruch auf neue Hörgeräte.

Isolde erklärte weiter, es habe sich einiges verändert. Es gibt seit 2013 neue Vereinbarungen zwischen den Hörgeräteakustikern und den Krankenkassen. Isolde schlug vor, herauszufinden, ob noch mehr Mitbewohner Hörhilfen hätten oder benötigten. Dann nämlich sollten wir eine Informationsveranstaltung durchführen. Es wurde festgestellt, dass vier Mitbewohner bereits eine Hörhilfe nutzten und ein Interesse an Informationen war bei fast allen Mitgliedern unserer aktiven Hausgemeinschaft vorhanden.

Eine noch beruflich aktive Kollegin von Isolde informierte an einem Nachmittag in unserem Gemeinschaftsraum über die Versorgung bei Einschränkung der Hörfähigkeit durch die Krankenkassen. Die Versorgung mit Hörgeräten wird in der Hilfsmittelrichtlinie im Teil C geregelt. Die Richtlinie wird vom gemeinsamen Bundesausschuss als oberstes Beschlussgremium der Selbstverwaltung der Kassenärzte und gesetzlichen Krankenversicherungen aufgestellt. Die Hilfsmittel sollen eine nach den Regeln der ärztlichen Kunst und unter Berücksichtigung des allgemein anerkannten Standes der medizinischen Erkenntnisse ausreichende, zweckmäßige und wirtschaftliche Versorgung der Versicherten sicherstellen.

Für die Hörgeräteversorgung wurde nach einem Urteil des Bundessozialgerichtes folgendes Versorgungsziel festgelegt:
Die Hörgeräteversorgung muss ein Funktionsdefizit des beidohrigen Hörvermögens unter Berücksichtigung des aktuellen Stands des medizinischen und technischen Fortschritts möglichst weitgehend ausgleichen und dabei, soweit möglich, ein Sprachverstehen bei Umgebungsgeräuschen und in größeren Personengruppen erreichen. Weiter sind die Auswirkungen einer auditiven Kommunikationsbehinderung im gesamten täglichen Leben und damit bei der Befriedigung von allgemeinen Grundbedürfnissen zu beseitigen oder zu mildern. Mit dieser seit Januar 2013 geltenden stark erweiterten Zielsetzung ist eine optimale Versorgung ohne Selbstbeteiligung möglich.

In der Praxis sieht das so aus: Ein gesetzlich versicherter Hörgeschädigter hat Anspruch auf zwei Hörsysteme, rechtes und linkes Ohr, die seinen Hörverlust nach dem Stand der Technik bestmöglich ausgleichen. Diesen Anspruch hat der Versicherte an seine Krankenkasse. Die hat mit geeigneten Hörgeräteakustikern Verträge abgeschlossen, in denen diese sich verpflichten, den Anspruch der Versicherten „zuzahlungsfrei" zu erfüllen. Der Hörgeräteakustiker erhält von der Krankenkasse die vereinbarte Bezahlung. Nach dieser Regel ist kein Platz für Zuzahlungen durch die Versicherten.

108

Mindestanforderung für Hörgeräte:

Volldigitale Ausstattung
Drei Hörprogramme zum auswählen
Vier Frequenzkanäle
Rückkoppelungsunterdrückung
Verstärkerleistung bis 75 Dezibel

Hörakustiker haben sich verpflichtet,
Hörgeräte anzubieten, die diesen
Anforderungen entsprechen.

Hörgeräte ohne Zuzahlung
müssen nach Gesetz dem
aktuellen Stand der Technik
entsprechen.

Hörgeräte ohne Zuzahlung sind eine
akzeptable Lösung, die ohne eigene
finanzielle Leistungen eine
ausreichende Versorgung garantieren.

Zuzahlung muss nicht sein

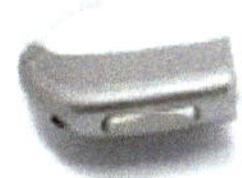

Test mindestens vier Wochen

Die Nutzung einer Fernbedienung,
Bluetooth, binauraler Ausgleich*
oder gleichzeitige Bedienung
beider Hörgeräte sind Luxus und
nicht zwingend erforderlich.
Hierfür wird eine Zuzahlung
verlangt.

Erfolgt am Ende eine Entscheidung für
ein Hörsystem, welches Mehrkosten
verursacht, sollte der Nachweis erbracht
werden, dass dieses gegenüber dem
besten getesteten zuzahlungsfreien
System ein messbar verbessertes Sprach-
verständnis erbringt.

* Binaurale, beide Ohren betreffende,
Hörgeräte sind mit besonderer
technischer Funktion in der Lage,
die Fähigkeit des räumlichen
Hörens zu verbessern. Die Hörgeräte sind
per Funkverbindung miteinander gekoppelt
und stimmen sich aufeinander ab.

Eine Kostenübernahme durch die Krankenkasse erfolgt nur, wenn eine erhebliche
Verbesserung der Hörfähigkeit, mindestens
10 %, erreicht und nachgewiesen wird.

Zuzahlungen fallen nur an, wenn Sie sich für ein teures Modell
entscheiden, was keinen medizinischen Mehrwert bietet. Dies bedeutet im Um-
kehrschluss, dass Krankenkassen auch teure Hörgeräte bezahlen, wenn nur mit
diesem die ausreichende medizinische Versorgung erreicht wird. Ist die passende
Hörhilfe gefunden und will der Hörakustiker diese nicht ohne Zuzahlung
übergeben, so ist ein Wechsel des Hörakustiker zu empfehlen. Finden Sie keinen
Hörakustiker, so reichen Sie den Kostenvoranschlag mit dem Nachweis der
Notwendigkeit bei der Krankenkasse ein.
Nicht selten bieten die Hörakustiker vorrangig Geräte mit Zuzahlungen an. Die
Folge ist ein direkter Vertrag mit Ihnen. Der gesetzlich geregelte Vertrag für die
Versorgung zwischen Krankenkasse und Hörakustiker ist dann außer Kraft. Sie
müssen nicht nur zuzahlen, sondern sich auch an den anfallenden Reparaturen
beteiligen.

Es sei denn, der Versicherte wünscht besondere Eigenschaften, die sich nicht mehr auf den Hörerfolg und den Gebrauch im täglichen Leben beziehen. Der Akustiker hat die Freiheit, durch einen guten Einkauf und einer Ausgleichskalkulation seine Kunden mit unterschiedlichen Preisklassen zu versorgen, wenn im Einzelfall der Anspruch auf eine bestmögliche Versorgung erfüllt wird.

Die Kollegin von Isolde empfahl abschließend, immer auch die Beratung der Krankenkasse zu nutzen, wenn Unsicherheiten aufträten. Sie wies auf die Internetseite des Deutschen Schwerhörigenbund, www.schwerhoerigkeit.de, hin, wo wichtige Informationen gegeben werden und Antworten auf Fragen zu finden sind.

Bruno wurde in den folgenden Wochen aktiv und nutzte seine neuen Kenntnisse zur Suche nach einem Hörakustiker, der sich an die Vereinbarungen hielt und dem er vertrauen konnte.

Inzwischen haben wir einen Hörakustiker für unsere „aktive Hausgemeinschaft" und Bruno vermittelt die Kontakte für unsere Mitbewohner. Bruno hat auch ein Lager für Batterien angelegt und versorgt damit unsere betroffenen Mitbewohner. Ein neuer Zweig der Hilfe zur Selbsthilfe war entstanden.

Tauschen

Mein Freund Franz war mal wieder zu Gast bei mir und wir tauschten unsere Erfahrungen aus.

Franz hatte inzwischen in seiner Stadt die „aktive Nachbarschaft" gegründet. Ähnlich unserer „aktiven Hausgemeinschaft" hatten sich Eigenheimbesitzer zu einem Netzwerk zusammengeschlossen. Sie haben wie wir Reinigungspersonal und Haushaltshilfen. Die Gartenarbeit erledigt eine Firma für alle und drei Männer erledigen die Straßenreinigung und den Winterdienst.

Als neue Einrichtung berichtete Franz über eine gegründete Tauschbörse. Mit dieser Tauschbörse wurden die bisherigen Leistungen der „aktiven Nachbarschaft" erheblich erweitert. Ging es bisher um Haus und Grundstück, wurde der Leistungsaustausch auf alle Lebensbereiche ausgedehnt, zum Beispiel: Backe Geburtstagskuchen für Hilfe beim Großeinkauf.

Bei den Frauen der „aktiven Nachbarschaft" nimmt die Haarpflege und Kosmetik einen breiten Rahmen ein. Aber auch die Begleitung bei Arztbesuchen, Hilfe beim Schriftverkehr mit Behörden und anderen Einrichtungen, Fahrdienste und Hobbys gehören zur Tauschbörse.

Franz hat dafür neben seiner Garage einen Schaukasten installiert, sogar mit Beleuchtung. Den Schaukasten hat er gebraucht von der Stadtverwaltung bekommen. Zusammen mit zwei Nachbarn wurde der Kasten renoviert und farbig gestrichen. Der Zugang zum Schaukasten ist vom Gehweg mit wenigen Schritten zu erreichen, und nicht nur die Mitglieder der „aktiven Nachbarschaft" schauen nach den ausgehängten Informationen, sondern zunehmend auch Bewohner aus der weiteren Umgebung.

So dauerte es nicht lange, bis auch Anfragen aus diesem Bereich kamen. Im Kasten werden mittels kleiner Karten (s. Anlage) die Tauschangebote veröffentlicht. Interessenten können so persönlich und auch telefonisch Kontakt aufnehmen.

Franz und eine Nachbarin geben auf Wunsch Auskunft über die Tauschbörse und ihre Regeln.

Franz erzählte weiter, dass es Tauschbörsen gibt, die eine eigene Währung haben, um einen Wertausgleich für die Tauschobjekte zu haben. Diesen Ausgleich von Leistung und Gegenleistung haben wir in unserer „aktiven Hausgemeinschaft" ja auch regeln müssen.

Franz' „aktive Nachbarschaft" hatte beim bisherigen Leistungsaustausch – hier ging es um die Erhaltung und den Betrieb der Häuser und Grundstücke – eine ähnliche Regelung, wie wir sie haben. Bei der Tauschbörse aber haben sie darauf verzichtet und es den unmittelbar am Tausch Beteiligten überlassen, wie ein Werteausgleich geregelt wird. Er kannte einige Fälle, wo ein Ausgleich mit Bargeld erfolgte.

Franz, als ehemaliger Finanzbeamter, vertritt die Meinung, dass Tausch kein steuerlich relevanter Umsatz ist.

Im Schaukasten werden auch Dinge zum Verschenken angeboten. Das Angebot ist zeitlich begrenzt. Nach zwei Wochen ohne Nachfrage wird das Angebot entfernt. Dadurch, so Franz weiter, haben schon einige noch gut erhaltene Dinge einen neuen Nutzer gefunden.

Tauschbörse

Datum: _______________________

Biete: ______________________________________

____

____

Suche: ______________________________________

____

____

Name: ______________________________________

Adresse: ______________________________________

Telefon: ______________________________________

Eine Tauschbörse, wie mein Freund Franz sie für seine „aktive Nachbarschaft" eingerichtet hat, kam für unsere „aktive Hausgemeinschaft" so nicht infrage. Aber dennoch wusste ich, dass auch innerhalb unserer Hausgemeinschaft Dinge getauscht wurden. Benutzt wurde dafür unser sogenanntes „Schwarzes Brett" im Eingangsbereich, wo alle Informationen für uns veröffentlicht werden. Dennoch ließ mich die Tauschbörse gedanklich nicht mehr los. Bücher und Zeitschriften wurden in unserem Gemeinschaftsraum zur weiteren Nutzung ausgelegt. Martha sorgte dafür, dass die Zeitschriften aktuell waren und Bücher, die lange nicht ausgeliehen waren, entsorgt wurden.

Das Thema „Tauschbörse" wurde bei mir wieder aktuell, als ich im Gemeinschaftsraum auf unsere Textilgruppe traf. Als ich sah, was hier produziert wurde, stellte ich die Frage, für wen hier produziert wurde?

„Wir verschenken die Artikel zu unterschiedlichen Anlässen", wurde mir geantwortet. „Wenn der Vorrat mal zu groß wird, machen wir einen Basar. Verkauft haben wir auch schon innerhalb der Hausgemeinschaft. Wer ein kleines Geschenk sucht, wird bei uns etwas finden."

Und, da war sie wieder, die Tauschbörse. Warum nicht die vom Textilkreis erschaffenen Artikel für alle anbieten!? Aber dazu mussten die Artikel auch sichtbar sein, z.B. in einer Vitrine oder einem Schrank mit Glasscheiben. Im Eingangsbereich unseres Hauses war ein guter Platz dafür. Aber zunächst musste die Idee „Tauschbörse" im Leitungsgremium besprochen werden.

Die etwas veränderte Tauschbörse wurde beschlossen. Die Damen der Textilgruppe waren begeistert und wollten gleich ihren Vorrat zur Verfügung stellen. Ich fuhr mit Erika zu einem Wertstoffhof in der Nachbarstadt, denn Erika wusste, dass dort gebrauchte Möbel angenommen, gelagert und wieder verkauft wurden. Einen Schrank mit Glastüren fanden wir nicht, aber ein edles Stück mit Kassettentüren aus massiver Buche. Die Kassetten konnten ausgeschnitten und durch Scheiben ersetzt werden. 50 Euro für den Schrank und noch einmal der gleiche Betrag für die Anlieferung waren die Kosten.

Zwei Tage später stand der Schrank in unserem Eingangsbereich. Die Türen wurden ausgebaut und nach einer Woche mit insgesamt sechs Scheiben wieder eingebaut. Vier weitere Böden sorgten für einen übersichtlich gestaltbaren Innenraum und die Textilgruppe stellte ihre Erzeugnisse aus. Ein Schild mit Hinweisen über die Abwicklung des Verkaufs erstellte Helmut auf dem Computer. Kleine Schilder gaben Hinweise über die einzelnen Artikel. Auf die Preisauszeichnung wurde verzichtet, es sollte bei Kaufinteresse ein Gebot gemacht werden. Auf der Innenseite der Artikelschilder wurde ein Mindestpreis von der jeweiligen Herstellerin hinterlegt. Die Basis war der Materialwert plus 40 Prozent. Zu Weihnachten sollte das Angebot noch mit selbst hergestellten Leckereien ergänzt werden.

Unsere Hausgemeinschaft nahm das Angebot an und versorgt sich seither mit sogenannten Mitbringseln und Geschenken. Unsere Ärzte, Apotheker und die Frauen der Vermieterfamilie nutzen ebenfalls das Angebot. Auch Besucher unserer Hausgemeinschaft sind gute Abnehmer. Preise werden über den Erwartungen der Herstellerinnen gezahlt.

Die Textilgruppe zahlte mir die entstandenen Kosten für den umgebauten Schrank schon nach kurzer Zeit zurück.

Auch nahm der sogenannte „kleine Dienstleistungsaustausch" innerhalb unserer „aktiven Hausgemeinschaft" zu. Kleiner Dienstleistungsaustausch, weil er zwischen den einzelnen Bewohnern zustande kam und nicht offiziell durch uns organisiert wurde.

Helmut z.B. schreibt Briefe auf seinem Computer und Erika macht Besorgungen, die weiter entfernt erledigt werden müssen. Oder selbst gebackener Kuchen wird mit der Reparatur einer Lampe bezahlt.

Die Fähigkeiten und Erfahrungen der Mitglieder unserer Hausgemeinschaft werden genutzt und mancher Mangel dadurch beseitigt. Dies war ja auch ein wichtiges Ziel bei der Gründung unserer „aktiven Hausgemeinschaft" gewesen. Allerdings funktionierte es erst richtig nach längerer Anlaufzeit, die wir ursprünglich nicht bedacht hatten.

„Schritt für Schritt und nicht alles auf einmal", das können wir Interessierten an einer „aktiven Hausgemeinschaft" oder auch „aktiven Nachbarschaft" nur empfehlen.

Erweiterung

Die Planung für den Erweiterungsbau war abgeschlossen, die Genehmigungen erteilt und die ersten Aufträge vergeben.

Nun wurde es ein wenig unruhiger, denn die Bauarbeiten begannen um 7 Uhr und erst nach 18 Uhr kehrte wieder Ruhe ein. Aber es ging zügig voran und der Rohbau war nach nicht ganz acht Wochen fertiggestellt. Ein kleines Richtfest fand statt und dann begann der Innenausbau.

Etwas stressig und auch staubig wurde es, als die Verbindung des Neubaus mit dem bestehenden Gebäude durchgeführt wurde. Aber wir konnten nur ein paar Tage unseren Gemeinschaftsraum nicht nutzen. Die gebrochenen Öffnungen wurden umgehend mit Türen versehen und im Gemeinschaftsraum eine sogenannte Staubwand eingebaut.

Im Keller dauerten die Arbeiten länger, weil hier die Versorgungsleitungen verlegt werden mussten. Karl-Heinz steigerte seinen Umsatz an Getränken und bot belegte Brötchen für die Handwerker an – er war ganz in seinem Element. Die Handwerker waren sehr zufrieden, auch wegen der humanen Preise.

Den Gipfel erreichte Karl-Heinz, als er heiße Bockwurst für einen Euro anbot. Der Getränkelieferant hatte ihm ein Wärmegerät zur Verfügung gestellt und so gab es durchgehend heiße Würstchen. Auch wir versorgten uns bei ihm und kamen so auch in Kontakt mit den Handwerkern.

Ich war, wie bereits erwähnt, in den Erweiterungsbau mit eingebunden. Und da ich die Technik des Hauses kenne, konnte ich hilfreich für die ausführenden Handwerker sein und meinen interessierten Mitbewohnern den jeweiligen Stand der Arbeiten erklären. Der Architekt war begeistert von der Zusammenarbeit und lobte immer wieder das gute Miteinander zwischen den Handwerkern und Bewohnern. Es gab in der gesamten Bauzeit keine Beschwerden über den Ablauf.

Der Tag nahte, an dem Entscheidungen über die Wahl der neuen Mitbewohner fallen mussten. Else, Helmut und ich, das Leitungsteam, kamen überein, die Interessenten zunächst einzeln zum Gespräch zu bitten. Da ich stark beschäftigt war, sollten Erika und Klaus das Leitungsteam verstärken und mich dadurch entlasten.

Es gab inzwischen 34 Interessenten und die Anzahl wurde täglich größer. Nach den Einzelgesprächen sollten Zusammenkünfte organisiert werden, wie wir es auch gemacht hatten. Wir baten hierzu unsere damalige Leiterin und heutige Schiedsrichterin, Frau Körner, um Unterstützung. Die Zusage kam mit dem Hinweis, dass wir als Leitungsteam für die Durchführung verantwortlich sein sollten. Sie wollte dabei aktiv mitarbeiten. Wir sollten, so schlug sie weiter vor, unsere „aktive Hausgemeinschaft" und unser Zusammenleben in einzelnen Abschnitten (Bausteinen) vorstellen und jeweils mit den Interessenten erörtern – nur immer ein Baustein für eine Zusammenkunft.

Nach jeder Zusammenkunft konnten dann die Reaktionen von beiden Seiten geprüft werden. An den Zusammenkünften sollten jeweils nur Mitglieder unserer Hausgemeinschaft teilnehmen, die zum Ablauf beitragen konnten.

Neben dem erweiterten Leitungsteam lernten dann die Interessierten nach und nach alle bzw. die meisten Mitglieder der bestehenden Hausgemeinschaft kennen.

Die ersten Zusammenkünfte sollten nicht in unserem Haus stattfinden. Wenn sich in deren Verlauf bereits eine Übereinstimmung bei einzelnen Interessierten ergeben sollte, konnten diese an den Zusammenkünften der bestehenden Hausgemeinschaft teilnehmen.

Da das Probewohnen noch nicht möglich war und die Zahl der zu vergebenden Wohnungen zu gering war, sollten infrage kommende Interessenten an allen Aktivitäten der Hausgemeinschaft teilnehmen. Würde die Zahl der infrage kommenden Bewerber größer, sollten zusätzliche Aktivitäten durchgeführt werden. Auch sollte geprüft werden, ob nicht schon vor Einzug der neuen Bewohner die praktizierte Patenschaftsregelung erweitert werden konnte.

Der Anruf des Morgens und Abends wäre auch sicherlich schon zur bestehenden Wohnung der Interessierten möglich. Durch diese Kontakte konnten möglicherweise wertvolle Informationen für die Entscheidung gefunden werden.

Else, Erika, Helmut und Klaus kamen in eine aktive Phase. Wilma unterstützte sie und übernahm den Schriftverkehr wie Einladungen zum Gespräch, Absagen und Verträge.

Zu Beginn der Vorbereitungen verstarb Erikas Mann im Pflegeheim – für Erika einige schwere Tage. Wir alle wussten, wie schwer es ist, Abschied zu nehmen, und so versuchten wir auch nicht, Erikas Trauer zu unterbinden.

Else und ich waren zur Beerdigung und als wir uns verabschiedeten, sagte Erika nur: „Ich komme gleich nach Hause."

In den nächsten Wochen wurde deutlich, was Erika damit gemeint hatte. Ihr wurde nichts zu viel bei den Vorbereitungen für die Vergabe der neuen Wohnungen. Müdigkeit kam nicht auf, und selbst nach dem vierzigsten Vorstellungsgespräch war sie aktiv wie beim ersten.

116

Da ich ja nicht an dem Auswahlverfahren teilnahm, verging nicht ein Tag, an dem Erika nicht kurz bei mir vorbeischaute. Sie war immer gut gelaunt und berichtete über den Stand des Auswahlverfahrens. Später, im Rahmen der Treffen im Auswahlverfahren, berichtete sie, wie sie zur „aktiven Hausgemeinschaft" gekommen war, über ihre Familie, fünf Kinder und zwölf Enkelkinder und ihren schwer pflegebedürftigen Mann. Abschließend sagte sie, dass sie zu allen Kindern ein gutes Verhältnis habe und sicher auch nicht alleine leben müsste. Aber sie würde nicht auf die „aktive Hausgemeinschaft" verzichten wollen. Hier könne sie wieder sie selbst sein, ohne Wenn und Aber.

Die Treffen mit den Interessierten an unserer „aktiven Hausgemeinschaft" fanden in der VHS (Volkshochschule) statt, die uns die Räumlichkeiten zur Verfügung stellte. Angeschlossen war ein Café-Bistro, wo wir uns mit Getränken und kleinen Stärkungen versorgen konnten.

Beim ersten Treffen war ich mit dabei und unser Leitungsteam stellte sich und seine Aufgaben vor. Else leitete die Vorstellung und berichtete auch über die Gründung des Vereins, der uns ja einen Rechtsstatus gab. Wir hatten bewusst jeden Punkt mit einer Frage eingeleitet: Warum brauchen wir z.B. eine Satzung, oder warum können wir nicht einfach die Hausverwaltung übernehmen?

Für meinen Bereich hatte ich einige Beispiele angeführt, die zeigten, dass wir uns bei kleinen Problemen selber helfen können: Bleibt der Aufzug stecken, kann ich, ohne auf einen Techniker warten zu müssen, die Insassen befreien.

Abschließend zeigte ich am Beispiel unseres Notrufsystems auf, was wir an Kosten einsparen.

Ähnlich stellte Helmut seinen Aufgabenbereich vor und zeigte zum Schluss das Einsparungspotenzial auf, was bei den Anwesenden großes Erstaunen auslöste.

Es war ein munterer, aber auch anstrengender Einstieg zu unserer Informationsreihe. Im kleinen Kreis stellten wir fest, dass wir schon einiges in unserer Hausgemeinschaft geschafft hatten.

Das zweite Treffen stand ganz im Zeichen der Freizeitgestaltung.

Die Wandergruppe begann und Hanna und Georg berichteten über einige Höhepunkte. Die Reisegruppe informierte über die bisher stattgefundenen Reisen nach Norderney, Passau, Dresden und die Zukunftspläne.

Hedwig, Martha, Lore und Else von der Textilgruppe hatten einige ihrer Produkte mitgebracht und berichteten ganz stolz über ihren neuen Verkaufsschrank im Eingangsbereich.

Die Musikgruppe war vollzählig gekommen und brachte ein Ständchen.

Karin stellte die Theater- und Literaturaktivitäten vor. Über die Spielegruppen berichtete Ursula.

Abschließend wurde noch über unsere noch ausbaufähigen Sportaktivitäten berichtet. In Kürze wollten wir mit 14 Teilnehmern einen ein Mal pro Woche stattfindenden Kurs „Aquafitness" im Hallenbad starten. Für jeden etwas, aber kein Muss, war Elses Schlusssatz.

Karl-Heinz stellte beim dritten Treffen seinen Shop vor und berichtete über dessen Entstehung.

Es folgte die Vorstellung des inzwischen geschaffenen Dienstleistungsangebots: der Mittwochseinkauf, der Wäschedienst, die Putzdienste, das Carsharing, der Verpflegungsservice und der große und kleine Dienstleistungsaustausch zwischen den Bewohnern.

Die „medizinische Versorgung" sollte später bei einem gesonderten Treffen vorgestellt werden.

Das vierte Treffen fand in unserem Haus statt. Wir, das Leitungsteam, hatten kurzfristig den Plan geändert. Wir konnten unser Haus den Interessierten nicht länger vorenthalten, weil doch immer wieder auch Fragen kamen, die eine Ortsbesichtigung erforderlich machten. Auch war es inzwischen möglich, die Baustelle zu betreten. Die zukünftigen Wohnungen konnten also besichtigt werden und jeder konnte sich selbst ein Bild von der Größe machen. Im Gemeinschaftsraum gab es Kaffee, Tee und Kuchen.

Das fünfte Treffen begann mit einer Fragestunde. Die Teilnehmer hatten Gelegenheit, ihr Wissen über unsere „aktive Hausgemeinschaft" einzuordnen, zu vertiefen und zu ergänzen. Als keine Fragen mehr gestellt wurden, war der Nachmittag bereits herum.

Mir wurde vom Leitungsteam berichtet, dass sich an diesem Nachmittag ein sogenanntes „Wir-Gefühl" gezeigt hatte. Erika berichtete, dass zunehmend gesagt wurde: „Wie machen wir das?", und nicht mehr: „Wie macht ihr das?" Unsere Beraterin hatte ebenfalls teilgenommen und äußerte sich ähnlich positiv.

Nun stand das Thema „medizinische Versorgung und Pflege" auf dem Programm. Else berichtete, unterstützt von Erika und Helmut, wie unser Hausarztsystem und die Versorgung mit Medikamenten entstanden waren. Ich stellte anhand des Bauplans unsere bereits in Bau befindlichen Behandlungsräume und ihre Einrichtung vor und Schwester Renate stellte die Möglichkeiten der Nutzung vor. Wir, die vorhandene „aktive Hausgemeinschaft", hatten uns lange vor dem „Thema Pflege" gedrückt, unsere „Neuen" zeigten ein starkes Interesse an unseren Lösungsplänen. Else berichtete, was wir zur Pflege erarbeitet hatten und dass wir hier auf Hilfe von außen nicht verzichten wollten. Erika berichtete über die Situation mit ihrem Mann, der schwer pflegebedürftig gewesen war. Renate berichtete, wie sie zu uns gekommen war und welche Idee dahintersteckte.

Was die nicht medizinische Versorgung anbetraf, konnten wir auf unsere Dienste – Putzen, Essen, Wäsche, Fahrdienste, Einkaufen – verweisen und letztendlich auch deutlich machen, dass niemand in unserer Gemeinschaft alleine ist.

Bei nächsten Treffen ging es um die Einrichtung der Wohnungen, die Mitarbeit bei der Unterhaltung der Gemeinschaftseinrichtungen und die Möglichkeiten der Beteiligung an der Gestaltung des Gemeinschaftslebens.

Unser Vermieter und sein Rechtsberater stellten sich bei einem weiteren Treffen vor. Sie lobten die gute Zusammenarbeit und berichteten auch über die Entstehung der „aktiven Hausgemeinschaft" aus ihrer Sicht. Der Rechtsberater, Rechtsanwalt und Notar erläuterten die Besonderheiten unserer Hausgemeinschaft nach geltendem Recht und machten Mut für den entscheidenden Schritt.

Bei den letzten Treffen wurden Einzelheiten geklärt und es erfolgte die Zuweisung der Wohnungen mittels Los. Da erst zu einem sehr späten Zeitpunkt die Zuteilung der Wohnungen erfolgte, hatten wir in Absprache mit dem Vermieter den Einzugstermin für die neuen Mitbewohner um acht Wochen verlängert, d.h., die Wohnungen mussten nicht sofort nach Fertigstellung bezogen werden. Damit wurde Rücksicht auf die Kündigungsfristen von den bisherigen Wohnungen genommen. Die bei der Wohnungsvergabe nicht berücksichtigten Interessenten kamen auf eine neue Warteliste.

Die Arbeiten am Neubau gingen zügig voran. Nach elf Monaten waren die ersten Wohnungen fertig. Schwester Renate zog als Erste ein. Für sie war ja schon eine Wohnung reserviert. Ich hatte dafür gesorgt, dass diese Wohnung zuerst bezugsfertig wurde. Es gab eine kleine Feier, war Renate durch ihre Tätigkeit doch schon ein Mitglied unserer Gemeinschaft.

Noch vor Winteranbruch wurden die restlichen Wohnungen bezogen. Die große Einweihung sollte am zweiten Adventssonntag sein. Bis dahin war der vergrößerte Gemeinschaftsbereich auch eingerichtet, denn alle packten mit an.

Karl-Heinz eröffnete am 20. November seinen neuen vergrößerten Shop. Es gab warme Bockwürste satt, vielleicht ein letztes Mal, war doch die Bauzeit vorbei. Wenn Karl-Heinz von der Aktion „Würstchen" sprach, leuchteten seine Augen.

Unser Vermieter wollte noch eine Einweihung mit den Handwerkern und bat uns um Unterstützung. Beim rustikalen Buffet stand Karl-Heinz als Bockwurstwärmer zur Freude aller. Unser Gemeinschaftsraum, so betonte Else in ihrer Ansprache, würde von denen eingeweiht werden, die ihn gebaut hatten. Das gute Verhältnis zwischen den Bauhandwerkern und uns fand an diesem Nachmittag seinen Höhepunkt. Abschließend übergab uns der Vermieter mit seinem Architekten den Gemeinschaftsraum und bedankte sich für die gute Zusammenarbeit.

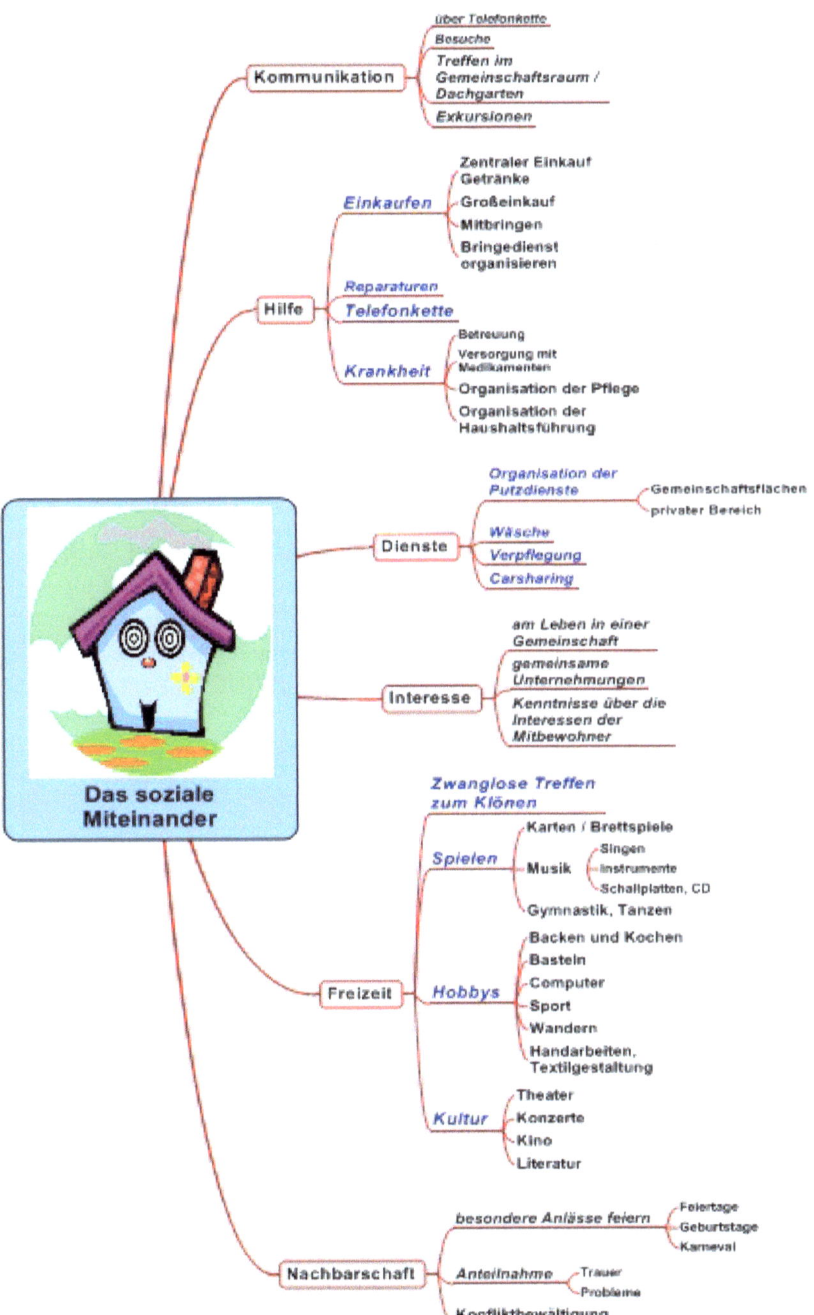

Das soziale Miteinander

Kommunikation
über Telefonkette
Besuche
Treffen im Gemeinschaftsraum / Dachgarten
Exkursionen

Hilfe
Einkaufen
Zentraler Einkauf Getränke
Großeinkauf
Mitbringen
Bringedienst organisieren
Reparaturen
Telefonkette
Krankheit
Betreuung
Versorgung mit Medikamenten
Organisation der Pflege
Organisation der Haushaltsführung

Dienste
Organisation der Putzdienste
Gemeinschaftsflächen
privater Bereich
Wäsche
Verpflegung
Carsharing

Interesse
am Leben in einer Gemeinschaft
gemeinsame Unternehmungen
Kenntnisse über die Interessen der Mitbewohner

Freizeit
Spielen
Zwanglose Treffen zum Klönen
Karten / Brettspiele
Musik
Singen
Instrumente
Schallplatten, CD
Gymnastik, Tanzen
Hobbys
Backen und Kochen
Basteln
Computer
Sport
Wandern
Handarbeiten, Textilgestaltung
Kultur
Theater
Konzerte
Kino
Literatur

Nachbarschaft
besondere Anlässe feiern
Feiertage
Geburtstage
Karneval
Anteilnahme
Trauer
Probleme
Konfliktbewältigung

Hausfeuerwehr

In der Woche vor der Einweihungsfeier hatte es einige Aufregungen im Haus gegeben. Alle waren mit den Vorbereitungsarbeiten für die Feier beschäftigt, als plötzlich ein lautes Piepen zu hören war. Kurze Zeit später, so berichteten meine Mitbewohner, folgte ein zweiter Piepton.

Ich war nicht im Haus und erfuhr erst Stunden später von der Ursache des Alarms. Aus der Wohnung von Gerda und Karin war Rauch gekommen und in den Flur gezogen. Da in allen Wohnungen und auf den Fluren Rauchmelder installiert sind, meldeten diese sich mit ihrem Signalton.

Daraufhin hatte Georg mit dem Feuerlöscher vom Flur das Feuer gelöscht. Gerda oder auch Karin hatte die brennende Kerze ihres Adventskranzes vergessen und der Kranz, die Tischdecke und auch der Tisch hatten Feuer gefangen.

Das Feuer war schnell gelöscht, aber das Löschpulver hatte seine Spuren hinterlassen. Es gab keine Stelle in der Wohnung, die nicht mit dem feinen Pulver bedeckt war. Selbst in die Schränke war das Löschpulver eingedrungen. Ich kannte das Problem mit den Trockenfeuerlöschern und hatte gelernt, wie man kleine Feuer mit einer Decke löschen kann.

Nachdem sich die Aufregung gelöst hatte und mit vereinten Kräften die Säuberungsaktion angelaufen war, sprach ich mit Erika über die saubere alternative Feuerlöschung.

Das musst du uns beibringen", war ihre spontane Reaktion.

Zwei Tage später schilderte ich auf der Feuerwache, was bei uns geschehen war, und bat um Hilfe für eine Brandschulung. Der zuständige Brandmeister war sofort bereit und wir verabredeten einen Termin noch vor Weihnachten. Ich schlug vor, die Brandübung auf unserem Dachgarten durchzuführen. Der Brandmeister wollte erst die Örtlichkeit besichtigen und dann zusagen.

Eine Woche nach unserer Einweihung waren alle Bewohner auf dem Dachgarten versammelt. Klaus und Willi hatten fünf Adventskränze, die nicht mehr verkauft werden konnten, besorgt. Drei Feuerwehrleute mit Geräten bauten eine Übungsstrecke auf.

Nach einer Einführung und Vorstellung der Geräte durch die Feuerwehr wurde ein Adventskranz so präpariert, dass er sich nach kurzer Zeit entzündete. Eine Flamme entstand und ein Feuerwehrmann nahm eine Decke und warf sie über das Feuer, sodass dieses keine Luft mehr bekam. Nach noch nicht einmal einer ganzen Minute wurde die Decke entfernt und das Feuer war erloschen.

Bei der Decke handelte es sich um eine spezielle Feuerlöschdecke, die keinen Schaden genommen hatte.

Unsere Feuerwehr wiederholte den Löschvorgang mit einer Wolldecke, die ich aus meiner Wohnung geholt hatte. Das Ergebnis war gleich, das Feuer war erstickt.

Es wurden die Vorteile dieser Löschmethode diskutiert: kein Pulver, das sich überall verteilte – wir kannten das Ergebnis aus eigener Erfahrung. Kein Schaum, kein Wasser war zu beseitigen oder hatte weiteren Schaden angerichtet.

Es folgten weitere Erklärungen über den Umgang mit Feuerlöscher und Wasser. Nun wurden wir aufgefordert, selbst zu versuchen, ein Feuer zu löschen. „Freiwillige vor", so lautete die Aufforderung. Wir hatten ja noch einige Adventskränze, und so wurde ein neues Feuer entfacht.

Ich nahm meine Wolldecke und erstickte das Feuer damit. Nun kannte ich die Löschung mit der Decke, denn ich hatte vor Jahren schon an Selbstschutzübungen aus beruflichen Gründen teilgenommen.

Bevor die nächste Brandlöschung durchgeführt wurde, mussten alle Freiwilligen zunächst den Einsatz der Decke ohne Feuer üben. Denn, so wurde immer wieder betont, die Decke muss so schnell wie möglich die Luftzufuhr (Sauerstoff) für das gesamte Feuer abschneiden.

Fast alle nahmen an dieser Übung teil. Erika löschte als Erste das wieder entfachte Feuer mit der Decke. Sie hatte sich schnell eine eigene Decke aus ihrer Wohnung geholt. Es folgten Else und dann unsere Männer.

Fast zwei Drittel der Bewohner, auch einige von den Neubewohnern, absolvierten eine Feuerlöschung mit der Decke.

Nach fast drei Stunden gab es Stärkungen und Erfrischungen in unserem Gemeinschaftsraum. Die Vertreter der Feuerwehr waren begeistert von unserer Aktion und erzählten in der geselligen Runde einiges über ihre Arbeit. Zum Abschluss lud uns der Hauptbrandmeister zu einem Besuch in der Hauptfeuerwache ein. Wir nahmen an und waren stolz, dass wir jetzt auch in Sachen Feuerschutz einiges gelernt hatten und somit vielleicht größeren Schaden selbst verhindern konnten.

Einweihung

Es war ein großer Tag, unsere Einweihungsfeier anlässlich der Erweiterung unserer „aktiven Hausgemeinschaft". 17 neue Mitbewohner, ein vergrößerter Gemeinschaftsbereich, unsere hausinterne Sozialstation, ein vergrößerter Shop, einige technische Verbesserungen und das Ende der Bauarbeiten waren ein Grund zum Feiern.

Mit dabei war unsere Vermieterfamilie. Ein Buffet war aufgebaut mit Kuchen und Leckereien sowie westfälischen Spezialitäten aus Brot, Fleisch und Wurst. Kurze Reden zu Beginn und dann eine Diaschau mit Bildern über den Bau unserer Häuser. Wir, die sogenannten Stammbewohner, konnten nun auch sehen, wie unser Haus entstanden war. Es gab genug Gesprächsstoff und später wurden wir mit Musik zum Mitsingen angeregt. Es wurde spät und ich hatte den Eindruck, dass es keine Unterschiede mehr zwischen alten und neuen Bewohnern gab.

Rückschau

An einem Abend im Advent saßen Erika und ich bei Tee und Stollen in meiner Wohnung. Wir hielten eine kleine Rückschau über die Ereignisse des vergangenen Jahres. Dabei stellte mir Erika die Frage, ob ich denn mit dem, was wir mit der „aktiven Hausgemeinschaft" erreicht hätten, zufrieden sei? Ich konnte mit Ja antworten.

Aber Erika hakte nach und wollte wissen, ob ich mir so meinen Lebensabend vorgestellt hatte?

Darauf antwortete ich, dass es mir wichtig sei, Dinge möglichst weitestgehend selbst zu regeln, meine Kenntnisse und Erfahrungen weiter gebrauchen zu können und nicht abhängig zu sein. Die Möglichkeiten eines Zusammenschlusses mit anderen und der Austausch mit deren Kenntnissen und Erfahrungen hatte ich mir vorstellen können. Das jetzige Leben in der „aktiven Hausgemeinschaft" habe sich aber in der bestehenden Form ergeben, war nicht so vorausgeplant gewesen und würde sicherlich noch weiter ausgebaut werden.

Durch die neuen Mitbewohner war schon wieder eine Belebung unserer Aktivitäten ausgelöst worden. Ich hatte inzwischen einen Kollegen bekommen, der mich bei meinen Aufgaben für die Gemeinschaft unterstützen und entlasten konnte.

Sicherung der Zukunft unserer Hausgemeinschaft

Erika fragte weiter, ob wir den Erhalt der „aktiven Hausgemeinschaft" mit einplanen müssten. Ich bestätigte und gab zu bedenken, dass einige Aufgaben noch sehr stark an bestimmte Personen gebunden waren. Ich nannte als Beispiel unseren Shopverwalter Karl-Heinz oder auch Helmut. Wir, so meine Auffassung, mussten bei jeder Neubesetzung unserer Wohnungen darauf achten, dass die Organisation unserer Hausgemeinschaft mitsamt ihren Aktivitäten langfristig bestehen konnte.

Nun verstand Erika im Nachhinein auch meine Reaktion bei der Besetzung der Wohnungen.

Ein Ehepaar z.B. hatte sich schon nach vier Wochen anders entschieden und wollte unsere Gemeinschaft verlassen. Wir vom Leitungsteam mussten nun entscheiden, wer die frei werdende Wohnung bekommen sollte. Auf der Warteliste standen keine Ehepaare mehr, sondern nur interessierte Einzelpersonen. Von denen waren drei auch an der größeren Wohnung zur Einzelbelegung interessiert.

Ich hatte wieder meine Bedenken vorgebracht und die Meinung vertreten, dass die Wohnung wieder mit einem Ehepaar belegt werden sollte. Dabei hatte ich auch auf die Minderheit der Männer in unserer Hausgemeinschaft hingewiesen. Diesen Einwand hatten Else und Erika natürlich entsprechend kommentiert, worauf ich mich aber nicht einließ.

Nach dieser nachträglichen Aufklärung bezüglich der Zukunft unserer Hausgemeinschaft bat mich Erika nun um Entschuldigung und forderte mich auf, zukünftig direkt konkreter zu werden.

„Ich kann damit leben und muss nicht immer recht haben, und es wurde ja ein Weg gefunden“, war meine Antwort.

Erika war überzeugt und sorgte nun auch dafür, dass ein Ehepaar gesucht wurde. Und ich kann hier schon sagen, es hat funktioniert. Nach acht Wochen Probewohnen wurden Marianne und Kurt einstimmig in unsere Gemeinschaft aufgenommen.

Else und Erika fragten seitdem immer nach, wenn ich Einwände hatte. Ich suchte auch mehr das Einzelgespräch mit ihnen, wenn ich eine andere Meinung hatte. Man konnte mich nicht mehr verändern.

Ein wichtiger Grundsatz unserer „aktiven Hausgemeinschaft“ lautet: Man muss nicht – man kann!

Allerdings dürfen Mitglieder einer „aktiven Hausgemeinschaft“ keine Einzelgänger oder absolute Individualisten sein. Interesse an sozialen Kontakten und Kompromissbereitschaft müssen vorhanden sein. Während meiner Berufstätigkeit war Teamfähigkeit eine wichtige Voraussetzung für eine gute Zusammenarbeit. Inwieweit diese Eigenschaften noch im Alter erlernbar sind, kann ich nicht beurteilen. Meine bzw. unsere Erfahrungen haben gezeigt, dass eine positive Grundeinstellung für das Leben in einer Gemeinschaft vorhanden sein muss.

Ich habe versucht, Ihnen, liebe Leserin, lieber Leser, mit meinen vorab niedergeschriebenen Erfahrungen über eine „aktive Hausgemeinschaft“ diese Wohnform und ihre Vor- und auch Nachteile vorzustellen. Sie ist für mich lebenswert und ich möchte sie nicht missen. In unserer „aktiven Hausgemeinschaft“ ist immer was los. Darüber könnte ich noch weiter berichten. Ich befürchte nur, dass es für Sie dann langweilig würde. Deshalb mache ich nun Schluss mit meinem Bericht und empfehle Ihnen:

Werden Sie aktiv, nutzen Sie Ihre Fähigkeiten und Erfahrungen und bilden Sie auch eine „aktive Hausgemeinschaft". Suchen Sie sich Gleichgesinnte und machen Sie Ihre eigenen Erfahrungen.

Meine Ausführungen sollen dazu anregen, aktiv zu werden, und dienen nicht als Musterplan für das Leben im Alter. Wir, die Älterwerdenden, sollen selbst aktiv werden und nach unseren Wünschen und Bedürfnissen unser Leben gestalten.

Wie kann man ein solches Projekt finanzieren, wurde ich oft von Leserinnen und Lesern der ersten Auflage gefragt? Gemeint war die Erstellung der Gebäude mit den entsprechenden Wohneinheiten. Bei dem von mir beschriebenen Projekt der „aktiven Hausgemeinschaft" war der Bauherr ein privater Investor. Dieser war daran interessiert, gute Mieter und langfristige Mietverhältnisse zu haben. Er hatte seine Erfahrungen bei anderen Mietobjekten gemacht. Hinzu kam, dass die Nachfrage nach altersgerechten Wohnungen groß war. Unser Vermieter hatte Informationen über das Wohnen in Gemeinschaften erhalten und sich daraufhin über neue Wohnformen kundig gemacht. Über eine Beratungsgesellschaft und mit seinen Finanzberatern wurde dann der Grundstock gelegt. Unsere Hausgemeinschaft entwickelte mit ihren unterschiedlichen Erfahrungen die im Buch beschriebenen Initiativen zur Selbsthilfe.

Es ist nicht leicht, einen Kooperationspartner zu finden, der eine Mitsprache und Gestaltungsspielräume zulässt.

Die Bewohner des Objektes brauchen kein Eigenkapital, gehen kein finanzielles Risiko ein. Allerdings ist die Nachhaltigkeit nicht gesichert, da der Investor das Objekt veräußern kann. Auch besteht die Gefahr von steigenden Mieten und über alle späteren Modernisierungen und Veränderungen entscheidet der Eigentümer. Beim Bau des Objektes bringt der Investor sein Know-how in der Planung und Durchführung mit, es ist keine Verwaltung durch die Bewohner notwendig, aber möglich. Ein solches Projekt ist grundsätzlich für Wohngruppen geeignet, die den Einsatz eigener Erfahrungen nur bedingt einsetzen möchten oder können.

Es gibt aber Investoren, die für neue Wohnformen und die Vorteile aufgeschlossen sind. Die von mir aufgezeigten Beispiele können zur Überzeugung eingesetzt werden. Ein erfahrener Investor sieht sofort die beidseitigen Vorteile.

Der Einsatz von Erfahrungen zur Selbsthilfe kann aber auch zum großen Teil zwischen Eigenheimbesitzern erfolgen. Hier ist das Wohnumfeld schon vorhanden und viele meiner im Buch beschriebenen Dienstleistungen sind übertragbar. Die sogenannte „aktive Nachbarschaft" kann ohne finanziellen Einsatz eingeführt werden.

Kommt eine Gruppe mit den gleichen Interessen zum Selberbauen zustande, so werden diese Baugemeinschaften oder Baugruppen genannt. Es sind mehrere Einzelbauherren, die den rechtlichen Zusammenschluss wählen, um ein selbst genutztes eigentumorientiertes Bauvorhaben zu erstellen. Gemeinschaftliches Erstellen von Wohnraum bringt in vielen Bereichen Ersparnisse bei den Kosten. Das gemeinsame Bauvorhaben wird in der Regeln als GBR, Gesellschaft bürgerlichen Rechts, realisiert. Im Rahmen einer GBR haften alle Gesellschafter während der Bauzeit gemeinsam für das gesamte Vorhaben, d.h., jeder Einzelne trägt das Risiko für die Gruppe. Dieses Risiko kann man umgehen, wenn man sich für eine betreute Baugemeinschaft entscheidet. Der Baubetreuer übernimmt sämtliche Aufgaben von der Planung über die Ausschreibung, die Bauüberwachung bis hin zur Abrechnung des gesamten Bauvorhabens. Dafür berechnet der Baubetreuer einen Betrag zwischen 5 und 10 Prozent der gesamten Bausumme. Für das gemeinsame Bauen in dieser Organisationsform sind Engagement, Knowhow und Abstimmungsprozesse erforderlich, um diese sicherlich selbstbestimmteste und gestaltungsoffene Variante zu realisieren. Gelingt der Diskussions- und Gestaltungsprozess, dann ist die Wohnzufriedenheit groß und eine gute Grundlage für das Wohnen und Leben in der Gemeinschaft.

Ein geeignetes Instrument, gemeinschaftliches Wohnen zu ermöglichen, ist die eingetragene Genossenschaft. Eine Wohnungsgenossenschaft versorgt als Hauptziel ihre Mitglieder mit Wohnraum. Sie hat kein Gewinninteresse und kann durch eine frei zu gestaltende Satzung ihre Mitglieder an soziale und ökologische Ziele binden. Genossenschaften unterliegen einer Prüfungspflicht durch einen genossenschaftlichen Prüfverband und bieten damit eine hohe Sicherheit. Als Wohn eG kann sie gemeinschaftliches Wohnen ermöglichen, langfristig organisieren und absichern. Unterschiedliche Besitzverhältnisse sind möglich und dennoch wird eine Gleichberechtigung zwischen Mietern und Eigentümern gewährleistet. Eine Bewohnergenossenschaft, die für die Organisation, Steuerung und spätere Verwaltung eines Wohnprojektes verantwortlich ist, bietet sich für einen Neubau und auch für die Sanierung einer bestehenden Immobilie an. Eigentumsähnliche Rechte an Wohnungen und Gemeinschaftsräumen werden ermöglicht, ohne dass die Mitglieder im großen Umfang privates Kapital einbringen müssen. Die Mitglieder zahlen dafür ein Nutzungsentgelt an die Genossenschaft, sind aber über ihre Genossenschaftsanteile gleichzeitig gemeinschaftliche Eigentümer des Objektes. Eine Genossenschaft kann auch für Kapital von Menschen werben, die die Idee unterstützen, aber nicht selbst im Objekt wohnen wollen – für Menschen, die nicht viel Eigenkapital investieren wollen oder können und doch eigentumsähnlich wohnen möchten, eine gute Möglichkeit.

Die Bundesländer fördern Initiativen zum nachbarschaftlichen Wohnen z.B. durch Genossenschaftsgründungsförderung, Bürgschaften und zinsgünstige Darlehen. Die Fördervoraussetzung ist in den Ländern unterschiedlich geregelt. Aber es sollten die drei Gs – Gruppe, Grundstück, Geld – vorhanden sein. Gemeint ist eine gefestigte Gruppe, die bereits durch Grundstücks- oder Investorensuche die Ernsthaftigkeit an der Realisierung einerseits und die Organisationsfähigkeit und den Gruppenzusammenhalt bewiesen hat. Gefördert werden nur Projekte, die auch sozial geförderte Mietwohnungen oder preiswerte Eigentumswohnungen für Menschen, die Anspruch auf Wohnraumbauförderung haben, anbieten.

Wegen der niedrigen Zinsen bieten einige Länder erhebliche Tilgungsabschläge bei den gewährten Darlehen an. Es lohnt sich, die Beratungsangebote der Länder zu nutzen.

Inzwischen haben viele kommunale Wohnungsbaugenossenschaften die neuen Wohnformen für sich genutzt und wandeln bestehende Projekte entsprechend um. Auch Neubauten sind entstanden. Es lohnt sich, auch hier den Kontakt zu suchen.